马克思主义经典作家的民族主义理论研究

MAKESI ZHUYI JINGDIAN ZUOJIA DE

MINZU ZHUYI LILUN YANJIU

高媛媛◎著

山西出版传媒集团
山西经济出版社

图书在版编目(CIP)数据

马克思主义经典作家的民族主义理论研究 / 高媛媛著. -- 太原：山西经济出版社, 2020.6

ISBN 978-7-5577-0723-1

Ⅰ. ①马… Ⅱ. ①高… Ⅲ. ①马克思主义-民族主义-研究 Ⅳ. ①A811.64

中国版本图书馆 CIP 数据核字(2020)第 123567 号

马克思主义经典作家的民族主义理论研究

著　　者：高媛媛
出 版 人：张宝东
责任编辑：曹恒轩
装帧设计：赵　娜

出 版 者：山西出版传媒集团·山西经济出版社
地　　址：太原市建设南路 21 号
邮　　编：030012
电　　话：0351-4922133(市场部)
　　　　　0351-4922085(总编室)
E - mail：scb@sxjjcb.com(市场部)
　　　　　zbs@sxjjcb.com(总编室)

经 销 者：山西出版传媒集团·山西经济出版社
承 印 者：山西出版传媒集团·山西新华印业有限公司

开　　本：880mm × 1230mm　1/32
印　　张：8
字　　数：200 千字
版　　次：2020 年 6 月 第 1 版
印　　次：2020 年 6 月 第 1 次印刷
书　　号：ISBN 978-7-5577-0723-1
定　　价：29.80 元

山西省哲学社会科学规划课题“新媒体环境下社会思潮传播与高校大学生社会主义核心价值观教育研究”(项目编号:晋规办字〔2017〕2号)资助

山西省高等学校哲学社会科学研究项目“消费主义思潮传播与大学生绿色消费观培育研究”(项目编号:2019W089)资助

目 录

第一章

导　论

当前世界民族主义风起云涌，表现形式多样，影响广泛。正基于此，民族主义成为历史学、政治学、民族学等多学科领域的研究对象。而笔者则意欲从马克思主义理论学科角度，通过文本研究来系统展现马克思主义经典作家的民族主义理论观点及其当代审视。本章将重点介绍选题缘起、选题意义及研究方法。

虽早已步入21世纪，但历史留下的印记却还是那样清晰。回首20世纪，这是一个不平凡的世纪。在这个世纪，世界舞台上接连出现了三次民族主义浪潮。第一次浪潮出现于20世纪初至30年代，第二次出现于第二次世界大战结束后到70年代初，而第三次则发端于东欧剧变、苏联解体。与前两次民族主义浪潮相比，这第三次民族主义浪潮表现出更大的跌宕性和复杂性，不仅改变了原有的世界政治板块，而且引发了许多新的民族矛盾和冲突，国际社会动荡程度加剧。更为关键的是，至此民族主义成为与社会主义、资本主义并行的第三种社会思潮或意识形态，在全球占据了重要一席。有学者甚至断言，冷战后的时代将是民族主义占主导地位的时代，其原因就在于冷战结束后出现了意识形态“真空”，很多人需要寻找新的精神寄托或依靠力量，于是民族主义就成了最好的选择。

当前世界民族主义风起云涌，表现形式多样，人们从不同的角度，划分出多种民族主义。众多的民族主义类型，既为民族国家的稳定、团结、统一贡献着力量，也不时会制造民族矛盾、冲突，带来政治局势的动荡。面对如此纷繁复杂的态势，深入思考和分析民族主义显得非常重要和迫切。

事实上，民族主义已然成为当前历史学、政治学、民族学等多学科领域的关注对象，但遗憾的是，仅就何谓“民族主义”都未能达成共识。据统计，目前对民族主义所下定义就有200多种。关于民族主义的历史演变、民族主义的影响、民族主义的未来发展趋势等等，也同样众说纷纭。正是这种多元性研究，引发我从自身专业角度开始思考：马克思主义经典作家是否谈及过民族主义问题？如有涉及，是如何表述和分析的？这些表述对当今有无启示和意义……

本书的写作，具有重要的理论和实践意义。就理论意义而言，第一，有助于重拾马克思主义民族理论的话语权。苏联东欧剧变以前学界对马克思主义民族理论的研究比较活跃，其中也包括对马克思主义关于民族主义认识的研究。但进入 20 世纪 80 年代末 90 年代初，苏东地区经济社会发展出现一系列问题时，马克思主义经典作家民族理论的吸引力开始弱化。尤其是世界上第一个社会主义国家苏联解体以后，很多人开始质疑马克思主义民族理论的现实性，认为苏联后期民族矛盾尖锐、民族冲突不断，是由于马克思主义民族理论的错误指导造成的，苏联的解体证明马克思主义民族理论是不可行的。故此，马克思主义民族理论便逐渐淡出许多学者的视野，即使偶有涉及，大多也持批判态度。但事实上，苏联的解体并不能代表马克思主义的终结，也不能说明马克思主义民族理论是错误的、行不通的。邓小平同志曾以肯定的口吻说过："在世界上，马列主义是能够解决民族问题的。在中国，马列主义与中国革命实践相结合的毛泽东思想，也是能够解决这个问题的。"[①]本书通过对马克思主义经典作家有关民族问题、民族主义问题的经典文本的细致解读，通过对马克思主义经典作家民族主义理论的主要内容和基本特征的总结，通过对马克思主义经典作家民族主义理论当代价值和意义的探寻，不仅能使我们对马克思主义经典作

---

①邓小平.邓小平文选:第一卷[M].北京:人民出版社,1994:163.

家关于民族主义问题的认识有一个较深入的了解，同时也对稳固马克思主义的历史地位，揭穿“世界社会主义运动失败论”的荒谬性，重拾马克思主义民族理论在理论界的话语权有着特殊的意义。

第二，有助于澄清西方学者在马克思主义与民族主义问题上的某些偏执论断。1986年英国著名学者罗纳尔多·蒙克在其所著《困难的对话：马克思主义与民族主义》一文中称，马克思主义没有关于民族主义的理论。这是不符合事实的。实际上，马克思主义是民族主义研究的主要学派之一，马克思、恩格斯特别是列宁和斯大林有关民族主义的一系列论述，构成了马克思主义经典作家的民族主义理论。本书中有关经典作家民族主义理论的文本解读，自然宣告蒙克的所谓“无论”的破产。除此之外，巴特摩尔在其1983年所著《麦克莱伦的社会学，马克思：第一个100年》中谈到，马克思主义者对民族主义问题的研究贡献不大。但实际上马克思主义经典作家有关民族主义的一系列理论观点，不仅有助于认识和解决当时历史条件下的民族主义现象与问题，而且对当今世界民族主义问题也有着重要的启示和指导意义。本书中针对马克思主义经典作家民族主义理论的当代价值的诠释，也有助于击碎巴特摩尔的所谓“贡献微乎论”。

第三，有助于弥补当前国内对马克思主义民族主义理论研究的不足。过去理论界谈及马克思主义有关民族主义的问题，总会一语概之：马克思主义经典作家对民族主义持否定态度。现在看来，这种判定显得过于笼统和简单。事实上，从马克思主义经典著作中的语言表述到国际共产主义运动的实践表现，均可以看出马克思主义者对民族主义的认识都是根据具体的历史语境而变化的，并不是一成不变的单一判断。在具体问题上，马克思主义经典作家反对狭隘的民族主义，但肯定和支持包含民主进步因素的民族主义。当然，从根本上来讲，马克思主义经典作家坚持和主张的是无产阶级国际主义，这与资产阶级民族主义在本质上是对立的。当前我国理论界的一些学者已开始运用两分法，综合分析马克思主义者对民族主义的认识问题，但总的来说概述性、短评式文章较多，系统分析性文章较少，著作更少。到目前为止，相关专著只有一本，即张三南老师于2014 年 7 月出版的《马克思主义经典作家关于民族主义的论述及当代意义研究》。正基于此，本书在吸收借鉴专家学者已有研究成果的基础上，将更加注重从文本角度挖掘马克思主义经典作家有关民族主义的论述，以构建出相对完整的理论体系，从而更加客观、真实、全面地再现马克思主义经典作家的民族主义理论。

就实践意义而言，第一，有助于认识和解决当前世界民族主义问题。自冷战结束前后，民族主义再度活跃起来，在世界各国都造成不同程度的影响。且更为复杂的是民族主义与民粹主义等思潮逐渐交叉融合，这就进一步加剧了意识形态的分裂以及社会的焦虑感，增大了认识和把握民族主义性质和功能的难度。正基于此，挖掘方法、总结经验对于研究民族主义问题显得非常重要。本书以经典文本解读为主线、以逻辑分析为中心，通过历史与现实相对照的方法对民族主义进行分析，使民族主义问题的认识视阈更加宽泛和多维，从而能为更好地认识当前世界民族主义问题提供有益思路。特别是对马克思主义经典作家民族主义理论的当代价值的剖析，更能为解决当前世界民族主义问题提供现实指导。

第二，有助于中国特色社会主义建设事业的健康有序发展。对于民族主义在中国的出现时间，学界有着不同的观点，或认为中国民族主义古已有之，或认为中国民族主义是近代以来从西方传入中国的，但无论怎样，民族主义在中国的现实存在是不争的事实。当前，中国特色社会主义建设事业正在如火如荼地展开，如何认识我国的民族主义思潮，如何合理运用积极的民族主义，规避消极的民族主义，特别是消除极端民族主义的影响，显得极为迫切。本书在一定程度上为解答这些问题提供了有益的思路和方法。

在具体的写作过程中，主要运用的研究方法有：

文本解读法：回到经典作家的文本中，仔细研读经典作家的相关著作，是了解经典作家思想的最好方法。本书就是遵循这样的思路，以马克思主义经典作家涉及民族、民族主义的著作、书信、演讲等为主要蓝本，从中寻找和总结马克思主义经典作家有关民族主义的观点、认识，尽量还原马克思主义经典作家当时的所思所想，避免臆造和妄断，以使人们对马克思主义经典作家的相关理论有一个全面系统的了解。

多学科融通法：所谓多学科融通法就是跨越学科界限，把相关学科理论或方法糅合在一起，共同为某一研究主题服务。本书在研究过程中，力图结合历史学、政治学、政治哲学、民族学等学科的相关知识，把文本解读与历史研究相结合，把民族概念与阶级、国家、国际社会相联系，以期更好地论证主题。

逻辑与历史相统一的方法：马克思恩格斯曾说过："历史从哪里开始，思想进程也应当从哪里开始，而思想进程的进一步发展不过是历史过程在抽象的、理论上前后一贯的形式上的反映"。[①]的确，漫长的人类历史是人们思想演变的基础，而庞杂的历史现象也需要有逻辑性的整理。马克思主义的形成与发展是一个漫长的历史过程，马克思主义经典作家民族主义理论作为马克思主义的重要组成部分，同样经历着长时间的发展演变。因此，有必要在回望历史的同时，进行历史性的总结。马克思和恩格斯对民族主义的直接论述相对较少且零散，而列宁和斯大林对民族主义的直接论述很多但又较复杂，因此需要把马克思主义经典作家的相关论述放到具体的历史语境中、运用逻辑性思维去仔细揣摩、整理。

历史与现实相结合的方法：回望历史、解释历史是为了服务现实，为现实提供前行的依据。本书在对马克思主义经典作家民族主义理论进行详细解读的基础上，试图运用马克思主义经典作家研究民族主义的视角、方法、基本观点对当前世界民族主义现象做些解释，以期更好地帮助人们认识和解决当前世界民族主义问题。

比较分析法：本书试图对马克思主义经典作家关于民族主义的观点与民族主义的基本理论主张进行比较分析（主要以民族自决权问题为例），对资本主义上升时期的民族主义表现与

①马克思恩格斯选集：第2卷[M].北京：人民出版社，1995：43.

蜕变的资产阶级帝国主义进行比较分析，对苏东社会主义国家对待和处理民族主义的态度方法与中国共产党人的相关具体举措进行比较分析等等。通过众多的比较，既显示共性，又体现具体性，既试图找出经验，又努力总结教训。

第二章

民族主义:核心概念阐释

典型的民族主义现象始于17、18世纪的欧洲，经过几百年的扩散流变，其已成为一种世界现象。本章将集中对民族主义的含义、兴起、发展、类型、基本特征等做一个简单介绍。

第一节 民族主义的含义

一、“民族”概念

民族概念的界定，对于民族主义（nationalism）的研究具有基础性作用。纵观国内外学者对民族概念的研究成果可以看出，长期以来民族概念一直是一个特别具有争议性的术语，至今都没有形成一个共识性的定义。有学者曾不无遗憾地说道：“我们根本无法为民族下一个‘科学的’定义；然而，从以前到现在，这个现象却一直持续存在着”①，“民族根本不可能具有恒久不变、放之四海而皆准的客观定义”②。

受篇幅的限制，笔者不可能一一罗列所有庞杂的“民族”定义，故以中西方为界，选取其中具有代表性的学者及其观点加以介绍。首先，西方具有代表性的学者及其观点有：法国著名历史学家勒南（Ernest Renan）认为：“同甘共苦和共同希望——这些就是造成民族的东西”③；英国的民族学家科本（Alfred Cob ban）说：“没有任何一位民族学理论家能够从客观角度提供民族的定义。我们所能提供的最好回答就是：任何

①Huge Watson. Nations and States-An Enquiry into Origin of Nation and Politics of Nationalism[M].Methuen Co.Ltd, 1977:5.

②埃里克·霍布斯鲍姆.民族与民族主义[M].李金梅,译.上海:上海人民出版社,2006:5.

③ Ernest Renan. What is nation? in John Hutchinson and Anthony Smith. Nationalism [M].Oxford University Press, 1994:17-18.

一个地域共同体，只要其成员意识到自己是该共同体的成员，并希望保持对其的认同，就是一个民族”[①]；英国学者塞顿-沃特森（Hugh Seton- Watson）认为：“当一个共同体中相当一部分人认为自己构成一个民族，或他们的行为如同他们已经形成了一个民族时，该民族就诞生了”[②]；美国的本尼迪·安德森说：“(nation) 是一个想象的政治共同体——并且，它是被想象为本质上有上限的，同时也享有主权的共同体”[③]；英国的厄内斯特·盖尔纳认为：“当且只当两个人共享同一种文化，而文化又意味着一种思想、符号、联系体系以及行为和交流方式，则他们同属一个民族”[④]；英国的安东尼·史密斯指出：“具有名称，占有领土的人类共同体，拥有共同的神话、共享的历史和普通的公共文化，所有成员生活在单一经济之中并且有着同样的权利和义务。”[⑤]不难看出，西方学者对“民族”的认知，有侧重文化角度的，有侧重政治角度的；有强调认同、想象等主观因素的，也有强调领土、历史、风俗等客观因素的。当然，也有的是多种角度和因素的混合界定。

中国学界对“民族”定义的研究更多是基于对斯大林“民

---

①转引自王辑思.民族与民族主义[J].欧洲,1993(5).

② Huge Watson. Nations and States-An Enquiry into Origin of Nation and Politics of Nationalism[M].Methuen Co.Ltd, 1977:5.

③本尼迪克特·安德森.想象的共同体:民族主义的起源和散布[M].吴叡人,译.上海:上海人民出版社,2003:5.

④厄内斯特·盖尔纳.民族与民族主义[M].韩红,译.北京:中央编译出版社,2002:9.

⑤安东尼·史密斯.民族主义——理论,意识形态,历史[M].叶江,译.上海:上海人民出版社,2006:14.

族”定义的分析与评价而展开的。马克思、恩格斯、列宁都未曾给“民族”下过专门的定义，只是在相关论述中提到了构成民族的一些基本要素，包括共同的历史、共同的方言、共同的领土等等。斯大林在继承马克思、恩格斯、列宁理论观点的基础上，提出了第一个完整的马克思主义的“民族”定义：“民族是人们在历史上形成的一个有共同语言、共同地域、共同经济生活以及表现在共同文化上的共同心理素质的稳定的共同体”①。针对斯大林的上述定义，学界大体形成了两种认识态度：一种是基本肯定但有待补充型。杨荆楚先生首先充分肯定了斯大林民族定义的正确性。但也指出，在新中国成立后我国开展民族识别工作时发现多数民族都还处于次生形态上。因此，不能照搬斯大林所谓构成民族的四要素缺一不可的论断。他提议把民族界定为“具有共同语言、共同地域、共同心理素质、共同的历史文化渊源、共同的经济生活和共同的风俗习惯的稳定的人们共同体”。②熊锡元在肯定斯大林民族定义的积极意义的同时，认为可以加上“共同风俗习惯”这个要素。③张达明则提出在斯大林原有定义四要素的基础上，加上“民族意识”这一点。④

一种是否定型。蔡富有认为，根据斯大林民族定义产生的背景和斯大林自己的说明，斯大林定义的 нация 概念作为民

①斯大林.斯大林选集：上卷[M].北京：人民出版社，1979：64.

②杨荆楚.关于民族问题的几点意见[J].民族研究，1986(5).

③熊锡元.对斯大林民族定义的一点看法[J].民族研究，1986(4).

④张达明.论斯大林民族定义的历史地位、局限性及其修改问题[J].东北师范大学学报，1996(5).

族学概念是不适当的，它不是民族学范畴的民族定义。并强调斯大林的 нация 定义既有理论的局限性，也有时代的局限性。[①]都永浩则指出，斯大林的民族定义不是为广义民族下的科学定义，而只是为斗争的需要，因此带有局限性。同时，斯大林给民族规定的四个特征，也不十分科学。其中语言、地域、经济是重要条件而非特征，应综合地认识民族概念。在此基础上都永浩给出了自己的观点："民族是历史上在共同地域及各种联系（社会的、政治的、经济的、文化的等）的基础上形成的，受其传统文化制约的有共同自我意识的人们的共同体。"[②]

中国共产党在吸收借鉴学术界研究成果的基础上，在听取各方意见的基础上，特别是在结合国际、国内民族发展的历史和现状的基础上，于 2005 年第一次提出了明确的马克思主义中国化的"民族"定义（金炳镐语）："民族是在一定的历史发展阶段形成的稳定的人们共同体。一般来说，民族在历史渊源、生产方式、语言、文化、风俗习惯以及心理认同等方面具有共同特征。有的民族在形成和发展过程中，宗教起着重要作用。"[③]这一定义相比于斯大林的"民族"定义，涵盖的要素更多了一些，因此适用面也更广了一些，特别是强调了宗教的作用，体现出当前民族问题和宗教问题交织的特点。

①蔡富有.斯大林的 нация 定义评析[J].中国社会科学，1986(1).

②都永浩.论民族概念[J].北方民族，1990(1).

③吴仕民.中国民族理论新编[M].北京：中央民族大学出版社，2008：18.

二、民族主义的含义

如同“民族”概念一样，民族主义的含义也是众说纷纭，难有定论。有人将其定义为一种学说，如英国的埃里·凯杜里指出：“民族主义是19世纪初产生于欧洲的一种学说，它认为人类自然地划分为不同的民族，这些民族由于某些可以证实的特性而能被人认识，政府的唯一合法形式是民族自治政府”①；有人将其定义为一种思想状态，如美国的汉斯·科恩认为：“民族主义首先而且最重要的应被认为是一种思想状态……在这种状态中，体现了个人对民族国家的高度忠诚”②；有人将其定义为一种心理，如英国的安东尼·吉登斯指出：“‘民族主义’这个词主要指一种心理学的现象，即个人在心理上从属于那些强调政治秩序中人们的共同性的符号和信仰”③；有人将其定义为一种意识形态，如美国学者穆艾·洛说：“民族主义是一种意识形态。这种意识形态使得领土国家的存在与活动得以合法化”④。国内学者宁骚也认为：“民族主义作为一种意识形态，它的基本主张是一个族体应享有从自治到独立的程度不等的权利，而一个现代民族即国族(Nation)则享有建立民族国家的权利”⑤；也有人将其定义为

---

①埃里·凯杜里.民族主义[M].张明明，译.北京：中央编译出版社，2002：1.

②Hans Khon.The Idea of Nationalism：A Study of Its Origins and Background[M]. New York，The Macmillan Company，1946：10-11.

③安东尼·吉登斯.民族国家与暴力[M].北京：三联书店，1998：141.

④穆艾·洛.民族主义[J].国外社会学，2002(6).

⑤宁骚.民族与国家：民族关系与民族政策的国际比较[M].北京：北京大学出版社，1995：89.

在某种思想、意识指导下的运动，如国内学者王联就指出："民族主义指的是以具有政治性的民族（实际可等同于国家）为中心，以该民族及其国家为最终效忠的对象的一套既定的思想、信念和行动"①；还有人则将上述这些方面综合起来做出定义，如美国的卡尔顿·海斯即有言："一、民族主义是一种历史进程——在此进程中建设民族国家；二、民族主义一词意味着包含在实际的历史进程中的理论、原则或信念；三、民族主义是某种将历史进程和政治理论结合在一起的特定的政治行动；四、民族主义意味着对民族和民族国家的忠诚超越于其他任何对象"②，国内学者程人乾也指出："民族主义是历史上形成的对民族历史和文化的认同、归属、忠诚的一种强烈情感和持久意识；是强调本民族的特性和传统，维护本民族权益，处理民族问题和对外关系的行动准则与价值观念；也是实现民族要求的实践和运动"③。

马克思主义经典作家也未给民族主义下过明确定义。翻阅马克思主义经典作家有关民族和民族主义的论著、书信、通讯等，更多能感受到，在马克思主义经典作家那里，民族主义既被看作是一种情感、情绪，也被界定为是一种思想、学说，当然更被视为是意识形态和社会运动。因此，可以说马克思主义经典作家对民族主义的认识应该是一种"综合定义论"。

---

①王联.世界民族主义论[M].北京：北京大学出版社，2002：22.

②Carlton J.H. Hayes. Essays on Nationalism [M]. The Macmillan Company，New York，1928：5-6.

③程人乾，等.涡流：20世纪民族主义潮汐透视[M].北京：西苑出版社，2000：1-2.

第二节 民族主义的兴起及发展

一、民族主义的兴起

与纷繁复杂的民族、民族主义概念相比，学界在民族主义的起源问题上看法则相对一致。国内外大部分学者都认为，古希腊罗马时期虽已有较强烈的民族感情和民族意识，但民族主义则鲜有表现抑或只是有了一些端倪。典型的民族主义现象始于 17、18 世纪的西欧，是伴随着近代民族国家的建立而产生的。

中世纪的西欧，存在着数目众多的大小邦国。这些邦国最典型的特征就是经济上实行分封制下自给自足的庄园经济，即国王把土地封给自己的大臣和将领，这些人便成为所谓的领主。领主再将土地封给自己的附庸，自己的附庸再进行分封，如此等等。拥有土地的领主们便在自己分封的土地上建立起以农奴和自由民劳动为基础的封建庄园，各庄园相互独立，自给自足。政治上罗马教廷有着无上的权威，教皇掌握着实际的权力，领主们皈依教皇，王权屡遭贬低和削弱。而在这种经济、政治状况下，社会上普遍存在两种观念：地方主义和普世主义。也就是说，一方面人们忠诚于自己的领主、庄园等；另一方面又感到同为基督教成员。这时，民族观念尚未出现。

到了中世纪后期，随着社会生产力的发展，在手工业者和商人的集聚地逐渐形成了城市，手工业和商业构成了城市经济的基础。城市经济的发展，要求统一的度量衡、统一的市场等等。于是市民阶级选择与国王们结成联盟，以消除封建割据状态。因为在当时“王权在混乱中代表秩序，代表着正在形成的民族（Nation）而与分裂成叛乱的各附庸国的状态对抗。”①经过双方的合力抗争，统一的君主专制国家得以建立。而在这一过程当中，也伴随着思想界的重大变化。文艺复兴、宗教改革的相继发生，冲破了神学的桎梏，唤醒了人们的自我意识，人们从天国回到了尘世，开始关注个人和个人组成的集体——民族的利益。人们确信国王就是民族与国家的代表与象征，因而他们把自己的热爱与忠诚集中于以国王为中心的王朝国家。②不可否认，统一的王朝国家促进了经济的发展，也增进了人们之间的交流与合作，使人们对“民族”“国家”的认识和感情大为强化。这些都为民族国家的建立奠定了重要基础，马克思就曾肯定地说过：“王权依靠市民摧毁了封建贵族的权力，建立了巨大的、实质上以民族为基础的君主国，而现代的欧洲国家和现代的资产阶级社会就在这种君主国里发展起来。”③但随着绝对王权的形成，专横的君主独裁统治不仅使人们在情感上难以保持长久稳定的忠诚，而且也阻碍了经济的进一步发展。于是，由市民阶级发展而来的资产阶级由王权的支持者成为反对者，他们高举“民族”的旗帜，以全民族代表的身份与专制王权展开了斗争，并要求建立主权独立和统一的民族国家。强烈的民族国家意识及其行动标志着民族主义的产生。英国率先建立了第一个资产阶级民族国家，被认为是民族主义的最初发

①马克思恩格斯文集:第4卷[M].北京:人民出版社,2009:220.

②李宏图.民族与民族主义概论[J].欧洲,1994(1).

③马克思恩格斯文集:第9卷[M].北京:人民出版社,2009:408.

源地。而法国大革命则标志着民族主义的正式确立。位于二者之间的北美独立战争也推动了民族主义形成的进程。总之，包含反对异族压迫、反对封建专制的民族主义在这一时期得以形成。这种民族主义或被称为“资本主义上升时期的民族主义”，或被称为“早期西方资产阶级的民族主义”。①

二、 民族主义的发展

民族主义在英、法、美等国兴起后，随之在整个欧洲传播开来，并随着资本主义的发展和英法等国的殖民扩张而最终传遍了整个世界。从今回溯，大体经历了这样几个典型的发展阶段：

第一阶段为民族主义在欧洲其他地区的展开。除英、法、美等国的示范效应外，民族主义在欧洲其他地区的兴起原因有：一是拿破仑战争的推进。1799 年 11 月的雾月政变后拿破仑上台执政。从此，法国进入长达 15 年的拿破仑统治时期。在该时期法国与反法联盟之间的战争即称为拿破仑战争。拿破仑战争涉及众多国家和地区，在征战与反战的过程中，民族主义思潮得到广泛传播，民族运动此起彼伏。到 19 世纪初，又有一批民族国家在西欧诞生。二是 1848 年的欧洲革命。1848 年法国、德意志、意大利、奥地利、匈牙利等欧洲国家掀起了一场反对封建专制的资产阶级民族民主革命。这场革命几乎遍

①与上述观点存在较大分歧的是本尼迪克特·安德森的论述。安德森说，主流学界把西欧作为民族主义的发源地，这纯粹是“地方之见”，18 世纪末、19 世纪初在南北美洲的殖民地独立运动才是民族主义的真正开端。对于安德森的理论笔者不打算再展开，因为笔者赞同主流学界的观点，以西欧为民族主义的发源地。

及全欧。人们反对民族压迫、反对封建残余的民族主义情绪极度高涨，并在经过一系列的民族主义运动后最终摧毁了反动的神圣同盟和维也纳体系，为资本主义的发展扫清了道路，且奠定了19世纪六七十年代意大利及德意志两国统一的重要基础。总之，在这些重大的战争和革命的推动下，到了19世纪70年代，民族主义在欧洲大部分地区展开。

第二阶段是民族主义在亚非拉地区的萌生和发展。正如许多学者指出的那样，亚非拉民族主义的产生更多是一种被动的防御反应，是对英法等国殖民主义侵略的回击。资本主义经济的发展速度是惊人的，随着生产力的进一步提高，英法等国遇到了同一发展困境，即本国内部市场已难以满足生产发展的需要，于是向外扩张成了他们的不二选择。在这种情况下，过去那种反对异族压迫、反对封建专制的积极的、进步的民族主义在英法等国就蜕变成了实行民族压迫、进行殖民掠夺的消极的、反动的民族主义，亦称“进攻型民族主义”。亚非拉等广大地区成为英法等国扩张侵略的对象，从而陷入深重的灾难当中，于是反抗殖民侵略以维护民族独立和生存的亚非拉民族主义应运而生，这种民族主义或被称为“防御型民族主义”，或被称为“外源型民族主义”，中国的太平天国运动、印度1857—1859年的民族解放起义都属此类。从19世纪中叶到20世纪初，亚非拉民族主义思潮及民族主义运动有了一定程度的发展，但受历史条件和现实经济发展水平的限制，力量还不是很强大，当然日本除外。

第三阶段是民族主义在全球的巨浪冲击。进入20世纪后，民族主义有了新的发展，国内外学者这样描述：“20世纪是有史以来整个人类接受同一政治观念即民族主义观念的第一个时期”[①]、“(民族主义是)20世纪的宗教”[②]、“(20世纪)是民族主义在世界广阔范围内向普遍化方向迅猛扩展，向多元化层次分化演变的时期；也是帝国主义从鼎盛趋于没落、殖民主义从扩展走向崩溃的时期；更是亚非拉民族主义向纵深发展并取得辉煌胜利的时期。”[③]的确，整个20世纪，民族主义在全球范围内掀起三次巨大的浪潮，有力地冲击了旧的国际秩序，重塑了世界版图。

第一次浪潮掀起于第一次世界大战前后。如前所言，19世纪萌发的亚非拉民族主义在当时的历史背景下还显得有些稚嫩。但进入20世纪以来，其发展势头则趋于强劲。20世纪初，印度、波斯、越南、朝鲜、土耳其、中国、印尼先后爆发了民族独立运动，掀起了亚洲革命的风暴。而在两次世界大战期间，亚非拉各地都展开了反帝反殖的民族主义运动，民族解放的呼声高涨。中国的北伐战争、凯末尔领导的土耳其民族革命战争、印度的非暴力不合作运动、埃及的华夫托运动、尼加拉瓜的桑地诺抗美游击战争都是这个时期的重要战争。就欧洲而言，则经历了一个较大的起伏变化：一方面对外侵略、扩张的反动民族主义仍是主流，并引发了世界大战；另一方面第一次世界大战的结束促使奥斯曼帝国、德意志帝国、俄罗斯帝国

①斯塔夫里阿诺斯.全球通史——1500年以后的世界[M].吴象婴，梁赤民，译.上海：上海社科院出版社，1992：358.

② C.W.Kegley Jr.&E.R.Wittkopf. World politics: Trend and Transformation[M]. New York: St.Martin´s press，1995：445.

③程人乾，等.涡流：20世纪民族主义潮汐透视[M].北京：西苑出版社，2000：6.

和奥匈帝国土崩瓦解，第二次世界大战的结束则彻底宣告英法等资本主义殖民帝国的终结。当然，这一过程中也夹杂着波兰、捷克斯洛伐克、南斯拉夫、芬兰、爱沙尼亚、拉脱维亚等众多东欧和东南欧中小国家反抗民族压迫的民族主义思潮和运动。

第二次浪潮是在第二次世界大战后。第二次世界大战摧毁了德、意、日三个法西斯国家，宣告了法西斯主义的彻底破产，削弱了英法两个大国，欧洲列强主宰全球的国际旧秩序至此不复存在。受反法西斯战争胜利的鼓舞，亚非拉地区的民族主义运动持续高涨，并取得决定性胜利。众多民族独立国家相继出现，第三世界作为一支独立的新生力量在国际舞台上崭露头角，不结盟运动、七十七国集团都有着重要的影响力。同时，获得独立的亚非拉民族国家开始加强经济建设，这就使民族主义内容的侧重点由过去的政治民族主义转向了经济民族主义。保证本国的民族经济不受损害抑或获得更大利益成为人们的共同目标，各国之间的交往与合作日益增多。而在欧洲，美苏两极对峙下的东西欧内部都有着一些反压制的民族主义萌动，法国的“戴高乐主义”、德国的“新东方政策”即是西欧国家对美国的控制、干涉行为的反抗表现。在东欧，20 世纪 40 年代末的苏南冲突，20 世纪 50 年代的波兹南事件、匈牙利事件，20 世纪 60 年代捷克斯洛伐克事件即是东欧国家反对苏联大国主义的表现。

第三次浪潮则是以苏联东欧剧变为发端。20 世纪 80 年代末 90 年代初苏东地区发生了一场“政治大地震”，苏联解体，东欧剧变，苏东各国推行了几十年的社会主义制度被资本主义制度所代替，社会主义阵营轰然倒塌。苏联东欧剧变固然是多种原因造成的，但民族主义的影响是一个不容忽视的重要因素。就整个苏东地区而言，既存在着苏联与东欧各国之间的关系问题、东欧国家之间的关系问题，也存在着苏联国内的民族关系问题以及东欧各国国内的民族关系问题。如此盘根错节的民族关系网，只要有一方面处理不好，就极易引发矛盾。但遗憾的是，自列宁逝世后，苏联各届领导人对民族问题没有给予足够重视，对内对外关系上的大俄罗斯主义、大国主义倾向，激起了很多民族和国家的不满。所以，当 20 世纪 80 年代中期以来戈尔巴乔夫推行所谓的社会主义改革，苏联对国内各民族的约束和对东欧国家的控制有所松动的情况下，加上西方资本主义国家的唆使、煽动，苏联国内、东欧国家对抗、分离情绪日益膨胀，最终导致苏联一分为十五，南斯拉夫一分为五，捷克斯洛伐克一分为二。以苏东地区的分裂运动为中心，民族分离主义迅速向全球蔓延，世界各地硝烟四起，动荡、冲突时有发生。有人将这一时期的民族主义称为“离散型民族主义”或“裂变型民族主义”。但与此同时，基于共同的利益，一些民族和国家开始致力于建立跨地区、超国家的经济合作组织，如欧盟、北美自由贸易区、亚太经济合作组织等，有人将此称为“聚合型民族主义”。到目前为止，依然是这种战乱与合作并存状态的延续。

第三节　民族主义的类型和基本特征

一、民族主义的类型

民族主义兴起以来，学者们从不同视角进行研究，民族主义也被划分为各种不同的类型。美国学者卡尔顿·海斯根据民族主义的历史演进做出的划分："人道主义的民族主义""雅各宾民族主义""传统的民族主义""自由主义的民族主义""完整的民族主义""经济民族主义"。卡尔顿·海斯强调，他在此所说的"民族主义"仅仅表示一种学说。"人道主义的民族主义"是18世纪启蒙运动时期出现和发展起来的，以博林布鲁克子爵圣约翰（Henry St. John，Viscount Bolingbroke）的贵族民族主义、卢梭（Jean，Jacques Rousseau）的民主民族主义和赫尔德（Johann Gottfried Herder）的文化民族主义为代表。人道民族主义对全人类的幸福表示同情和关心，对其他民族的权利给予尊重，对侵略主义和不容异教的观念极为愤恨。"雅各宾民族主义"出现于18世纪末，吉伦特集团和山岳集团是其典型代表。这种民族主义以卢梭的人道民主民族主义为理论根据，但受国外战争和国内叛乱的影响，往往与卢梭观念相悖。雅各宾民族主义总是猜疑国内的异派，不能容忍它们的存在；倚赖武力和军国主义；具有很强的宗教色彩并热心传教。"传统的民族主义"是对雅各宾民族主义的一种反动，以柏克、庞纳特伯爵、施莱格尔为代表。这种民族主义注重激励民族意识和提高民族地位，强调民族爱国主义，试图把民族国家的忠顺心理与阶级和区域的忠顺心理协调起来。“自由民族主义”在19世纪中叶占据主要地位。它介于雅各宾民族主义和传统民族主义之间，试图避免雅各宾主义的“暴行”和传统民族主义的“反动”，以边沁为代表。这种民族主义包含进步性，既强调民族国家的绝对主权，也看重各民族国家中的个人自由以及各民族国家维持国际和平的责任，并希望各民族能建立自己的独立国家。“完整民族主义”产生于20世纪。它反对国际主义，强调民族的利益高于个人利益和全人类的利益；拒斥任何无益于自己实际或幻想的利益的民族合作；推崇侵略主义、帝国主义、军国主义，极其褊狭、专制和暴力。“经济民族主义”强调机器大工业对民族国家的影响远胜于对国际的影响，经济生产首先属于民族，其次才属于国际；工业的巨大发展促进了民族主义的发展。①

汉斯·科恩根据地理位置做出的划分：“西方民族主义”和“非西方民族主义”。西方民族主义主要指英国、法国、荷兰、美国、瑞士等国家的民族主义，而非西方民族主义则包括东中欧及亚非拉地区的民族主义。也有人用“进攻型民族主义”和“防御型民族主义”、“内源型的民族主义（西欧型的民族主义）”和“外源型的民族主义（非西欧型的民族主义）”等概念反映东西方民族主义的区别。

我国学者程人乾等根据民族主义的发展模式或发展趋势做

①海斯.现代民族主义演进史[M].帕米尔，等译.上海：华东师范大学出版社，2005.

出的划分：“聚合（聚变）型民族主义”和“离散（裂变）型民族主义”。他们指出，随着全球化进程的加快，一些国家和地区为了增强竞争能力或出于共同的经济利益而结成像欧盟、东盟、北美自由贸易组织等一体化集团、组织。这种一体化现象就体现了民族主义在向聚合、联合、合作方向发展。但与此同时，动荡、冲突也时有发生，极端民族分裂主义还在威胁着一些国家和地区的统一和稳定。曾经的苏联解体就是对离散民族主义的最好诠释。总之，世界民族主义表现为聚合和离散的交错相织。但他们相信，离散、裂变只是暂时的，而整合、融合才是最终的归宿。世界各民族之间的差异—碰撞—冲突—重构—共处—聚合—整合—融合，是世界民族主义发展的辩证规律和总的趋势。[①]

也有人根据民族主义的内容做出划分：“政治民族主义”“经济民族主义”“文化民族主义”。所谓“政治民族主义”，就是注重强调民族主义的政治属性。“经济民族主义”主要是指以国家为单位，强调维护国家的经济权益。而“文化民族主义”则强调要保持和发展本民族文化。当前，经济民族主义和文化民族主义表现得越来越突出，这主要是由全球化与民族经济、民族文化之间的互动制衡所引起的。经济全球化已是不可逆转的趋势，在这股大潮下如何既能参与全球化进程不致落后，又使本国的民族经济不受损害抑或获得更大利益，民族文化得到发扬光大、不被同化甚至消解，成为所

①程人乾，等.涡流：20世纪民族主义潮汐透视[M].北京：西苑出版社，2000：312—345.

有国家和地区都在思考的问题。在这一过程中经济民族主义和文化民族主义应运而生。实际上，对本国民族经济、民族文化的保护无可厚非。遗憾的是，有些国家和地区却做得过火，走向极端。比如实行贸易保护主义、设置贸易壁垒；完全排斥外来文化，实行文化保守主义；或对别国进行渗透，实行文化帝国主义；等等。

二、民族主义的基本特征

第一，非体系性。“主义”顾名思义是一种成体系的理论和主张。如马克思主义、自由主义、民主主义等，它们都有确定的研究对象、研究方法和思想内容，表达出各自不同的立场和目标追求。但民族主义至今都没有形成自己完整的理论体系，只是零零散散提出了一些较核心的原则，表达了一些基本的、相对笼统的价值诉求。安东尼·史密斯教授曾概括出六点所谓民族主义的基本主张（也称“核心原则”）：①世界由不同的民族所组成，每个民族都有它自己的特征、历史和认同；②民族是政治权力的唯一源泉；③对民族的忠诚超出所有的其他忠诚；④为赢得自由，每个个人必须从属于某个民族；⑤每个民族都需要完全的自决和自治；⑥全球的和平和正义需要一个各民族自治的世界。[①]但事实上，在具体的实践过程中，民族主义者们并没有完全“照章办事”。诸如“我们”有时忠诚于本民族，有时却抛开民族而忠诚于自我或他者；“我们”认同“我们”自己是一个民族，但未必认可其他民族的

①安东尼·史密斯.民族主义——理论，意识形态，历史[M].叶江，译.上海：上海人民出版社，2006：23.

现象大量存在。就民族主义的基本诉求而言，也并不完全一致。有的民族主义者只是寻求一种民族认同，希望本民族的传统和习惯得到尊重；有的则是希望建立属于本民族的国家，政治色彩浓重。

第二，依附性。由于民族主义的非体系性特征，所以民族主义需要依附于其他意识形态、思想主张来实现自己的目的。像自由主义的民族主义、民主的民族主义，都是这种混合体的典型。且民族主义经常与经济、文化、宗教等内容相结合，形成了多样化的复合型民族主义。

第三，易变性和难控性。很多时候，人们总是试图把民族意识、民族情感与民族主义区别开来，把理性的民族主义与感性的民族主义区别开来，但实际上很难做到精确区分。因为民族主义有时就表现为一种强烈的民族情感：它或受理性支配，或仅仅是一种感性的主观感受；它既表现于世俗的政治中，又嵌入宗教的文化中；既涉及宏大的政治原则，又关乎微小的个人心理；既是一种学说，又是一种心态表达。所以当人们肯定它在动员、组织方面的巨大感召力和强大凝聚力的同时，也深感它的易变。也许有些民族主义者的初衷只是想表达一种朴素的爱国情怀，但却由于把握、控制得不够恰到好处而激起了强烈的反抗、破坏、分裂情绪。在民族主义那里或许有个“界点”，当倒向“左”时，它是积极的民族主义，值得称赞和支持；当偏离界点，倒向“右”时，就变成了消极的、极端的民族主义，破坏着世界的和平与稳定。

第三章

马克思主义经典作家民族主义理论的文本解读

产生于17、18世纪的典型民族主义现象，在马克思主义形成和发展时期不免有着这样或那样的表现和影响。因此，对于民族主义的认识和研究自然纳入了马克思主义经典作家的理论视域。本章将集中对马克思、恩格斯、列宁、斯大林有关民族主义的理论文本进行详细解读。

第一节 马克思恩格斯有关民族主义的论述

进入 19 世纪后，欧亚等地的民族主义运动有了更为迅猛的发展，其中包括 1848 年的欧洲革命、亚非拉民族主义运动等。因此，对民族主义运动的关注和评析自是马克思恩格斯有关民族主义论述的主体内容。除此之外，在众多著作、通信或演讲中，马克思恩格斯还涉及几种不同形式的民族主义，他们对这些民族主义形式进行了批判。同时，马克思恩格斯对民族主义的基本主张——民族自决权表示认可。

一、马克思恩格斯对几种不同形式民族主义的批判

在马克思恩格斯的相关论述中，断续提到了几种不同形式的民族主义，主要包括德意志民族利己主义、反犹太主义、民族虚无主义、民族沙文主义。马克思恩格斯提倡民族平等，批判了德意志民族利己主义；倡导民族进步，批判了反犹太主义；承认民族差别和民族特点，批判了民族虚无主义；反对民族侵略，批判了民族沙文主义。

（一）提倡民族平等，批判德意志民族利己主义

恩格斯在《英国工人阶级状况》一文中曾指出，所谓的民族偏见和民族优越性归根到底就是民族利己主义。推及“德意志民族利己主义”就是时刻强调德意志民族的至上性、优越性，具有强烈民族偏见的那种狭隘民族主义倾向。对于这种民

族主义，马克思恩格斯坚决表示反对，具体论述集中于恩格斯所著《恩斯特·莫里茨·阿恩特》、马克思恩格斯合著的《神圣家族，或对批判的批判所做的批判》《德意志意识形态》以及《共产党宣言》等文中。

《恩斯特·莫里茨·阿恩特》是恩格斯写于1840年12月的一篇文章。这篇文章通过对德国作家、历史学家、语言学家恩斯特·莫里茨·阿恩特所著《忆往事》一书内容的评析，表达了恩格斯对德国历史、现状及具体任务、根本目标等问题的认识。在行文中，恩格斯一方面肯定了阿恩特这本书的积极意义，指出阿恩特用简练而富有表现力的语言生动展现了“德意志民族数百年来第一次重新奋起并且用自己的全部力量和伟大精神对抗外来压迫的那个光荣时代”[①]，即反对拿破仑统治的那个时代，并强调这种展现有助于唤起处于沉睡状态的德国人的民族斗争意识；另一方面用很大篇幅分析了阿恩特等“德意志狂”的民族利己主义倾向：一是盲目的民族优越感。恩格斯指出，在“德意志狂”看来，德国人不仅创造了整个世界，而且自身也已发展到最高阶段。也就是说，“德意志狂”认为德意志民族是最优秀的民族，在各方面都远远超过其他民族。对此恩格斯反驳说，“德意志狂”表现出了一种盲目的民族优越感，事实上每个民族都是现实世界的创造者，都对世界的形成与发展做出了不可磨灭的贡献，并不能仅仅归功于德意志一个民族。而且就民族发展现状来讲，德国尚处于封建割据状态，其发展阶段和发展水平还不及英法等国，所以更谈不上什么达

①马克思恩格斯全集：第2卷［M］.北京：人民出版社，2005：268.

到最高阶段了。二是极端仇视其他民族，特指法兰西民族。恩格斯指出，“德意志狂”为了保全自身而极力维护德国封建制度，对一切具有民主进步因素的东西，特别是法国的民主革命思想一概否定，表现出强烈的排外性，且是盲目的排外性，仇视法国甚至发展为一项义务。恩格斯说，这种仇视情绪和心理，不仅无益于德国的发展进步，而且成为欧洲反动势力——俄国人和英国人的帮凶。因为在当时的历史条件下，“欧洲进步的宿敌是英国的稳定原则和俄国的制度”①，仇视、反对直至消灭法国人并不构成德国人民的当前任务和目标。恩格斯强调，当前急需做的是实现德国内部的统一。因为只有实现祖国统一，社会生活、完善的立宪制度、出版自由以及其他一切要求才能真正落到实处。

写于 1844 年 9—11 月的《神圣家族，或对批判的批判所做的批判》是马克思和恩格斯的第一部合著，主要是针对布鲁诺·鲍威尔及其伙伴的主观唯心主义哲学观点做出的评析。但在具体的阐述中也涉及对布鲁诺·鲍威尔等人民族利己主义倾向的批判，有关此内容集中于文章第七章“批判的批判的通信”－（b）“软心肠的”和“需要解救的”群众这一部分。马克思和恩格斯指出，布鲁诺·鲍威尔等人在其所做“批判的批判”中断言：“直到现在没有一个民族同另一个民族相比具有某种优点”②，但同时又提到“假如有一个民族能成功地……获得对其他各民族的精神优势，那么这个民族必定是能

①马克思恩格斯全集：第 2 卷［M］.北京：人民出版社，2005：279.

②马克思恩格斯文集：第 1 卷［M］.北京：人民出版社，2009：354.

够批判自己和其他各民族并能认识普遍衰败的原因的民族”[①]，而那个民族就是“德意志民族”。这实际上就是说，德意志民族优越于其他民族。对此，马克思和恩格斯回击道，这是典型的民族优越论，表明布鲁诺·鲍威尔等人“依然深深地陷在德国民族性的泥坑里”[②]，他们没有看到，在当前的历史条件下，几乎所有欧洲文明民族都在批判自己和其他民族并能认识普遍颓废的原因。至于布鲁诺·鲍威尔等人所谓的德国的批判性精神活动能为德国提供精神的优势，马克思恩格斯认为这不过是一种词句上的同义反复。而且对比德国人的批判与英国人、法国人的批判就会发现，德国人的批判更多是一种空洞的、纯粹的、思辨的理论说教，而英国人、法国人所做批判中已包含深深的实践性。总之，马克思恩格斯指出，布鲁诺·鲍威尔等人体现的是基督教日耳曼式的唯心主义，实际上“直到现在每个民族同另一个民族相比都具有某种优点”[③]，各民族之间没有优劣之分，都是平等的。“直到现在每个民族同另一个民族相比都具有某种优点”的论断从此成为马克思主义民族理论中的经典表述，被认为是马克思主义经典作家民族平等思想的最初表达。

《德意志意识形态》是马克思和恩格斯于1845—1846年合作完成的一篇重要论著。该文集中批判了费尔巴哈、布·鲍威尔、施蒂纳以及“真正的社会主义”的理论观点，其中同时也

①马克思恩格斯文集:第1卷[M].北京:人民出版社,2009:354.

②马克思恩格斯文集:第1卷[M].北京:人民出版社,2009:354-355.

③马克思恩格斯文集:第1卷[M].北京:人民出版社,2009:354.

批判了布·鲍威尔等青年黑格尔派、“真正的社会主义”的民族利己主义倾向。马克思恩格斯指出，在有关人类历史的问题上布·鲍威尔等人总是局限于纯粹的思想领域，完全忽视了历史形成的现实物质基础。而且即使在思想领域，他们也仅仅关注于德国哲学的斗争时代，“世界舞台局限于莱比锡的书市，局限于‘批判’、‘人’和‘唯一者’的相互争吵”[①]，完全忽视和遗忘了其他民族及其民族历史的存在。马克思恩格斯说，这就暴露了这些“唱高调、爱吹嘘的思想贩子”的民族局限性及狭隘的民族优越感：“他们根本不承认其他民族的业绩是历史性的；他们生活在德国，依靠德国和为着德国而生活；他们把莱茵之歌变为圣歌……”[②]。而莱茵之歌不过是经常被民族主义者所引用的德国小资产阶级诗人尼·贝克尔于1840年写成的一首名为《德国的莱茵》的小诗罢了。不仅于此，马克思恩格斯认为这更暴露了布·鲍威尔等人试图通过理论上的世界统治来达到德国统治世界的幻想。

而就“真正的社会主义”的民族利己主义，马克思恩格斯谈到，真正的社会主义者总是把自己扮演成历史的观察者和监视者，认为自己的使命就是对全世界进行审判；认为德国科学能够解决一切问题，其他民族只是德国科学指令的忠实执行者；认为德国社会主义具有极大的优越性，各种社会主义的、民主主义的、共产主义的政党代表都应该做到学习与服从。同时强调“人”“人的本质”才是历史的真正展

①马克思恩格斯文集:第1卷[M].北京:人民出版社,2009:547.

②马克思恩格斯文集:第1卷[M].北京:人民出版社,2009:548.

开，在人道主义中一切关乎名称的争论迎刃而解，无须区分什么共产主义者或社会主义者，大家都是人。并对德意志作为“人”的王国、“人的本质”的王国表示无比自豪，“宣布这个王国是全世界历史的完成和目的。……断言整个历史过程在德国达到了自己的最终目的。”[①]而且始终标榜反对那些公开承认自己的民族狭隘性和承认以现实利益为基础的民族，宣称“真正的社会主义”超越于民族狭隘性和一切现实利益之上。马克思恩格斯说，真正的社会主义者的上述表现完全暴露了他们那无厘头的民族狂妄性和“令人作呕”的民族狭隘性，代表的不过是极卑贱的商人和小手工业者的利益和要求，因此必须予以揭露和反对。并特别强调，基于哲学在德国的影响力较大及阶级对立在德国还不够尖锐的现实原因，反对真正的社会主义者的民族利己主义倾向的力度要更大、更坚决。否则，极易动摇、腐蚀德国无产阶级的国际主义立场和原则。

发表于 1848 年的《共产党宣言》是马克思和恩格斯为共产主义者同盟起草的一个纲领性文件。该文件对资产者和无产者的关系、无产者和共产党人的关系做了介绍；对反动的社会主义、保守的或资产阶级的社会主义、批判的空想的社会主义和共产主义做了评析；对共产党人对待各种党派的态度做了说明。其中在对隶属反动的社会主义之列的“真正的社会主义”的理论观点、立场原则等进行分析时，马克思恩格斯谈到了真正的社会主义者的民族利己主义倾向。马克思和恩格斯指出，

①马克思恩格斯全集：第 3 卷[M].北京：人民出版社，1960：555.

真正的社会主义者宣称德意志民族是模范的民族，德国的小市民是模范的人，并为德国小市民的自私自利、庸俗低级涂脂抹粉、掩盖辩护，表现出极强的民族狭隘性和落后性。因为在当时的历史条件下，保存小资产阶级就是保存德国的封建专制制度。而且更进一步，“真正的社会主义”最终竟发展到直接反对共产主义，充当了专制政府用来镇压德国工人起义的理论武器。基于此等种种，马克思恩格斯把“真正的社会主义”的有关理论著作称为“卑鄙龌龊的、令人萎靡的文献”，并积极予以批判，以此来帮助德国无产阶级理解社会主义、共产主义的真正内涵。

（二）倡导民族进步，批判反犹太主义

自公元 135 年犹太人起义失败后，犹太人即被逐出耶路撒冷以至整个巴勒斯坦地区而四处流散。中世纪，犹太人饱受封建主与僧侣的压迫。进入近代以来，随着资本主义的发展和民族解放运动的兴起，散居于西欧一些国家的犹太人地位有所改善。但在俄普奥等国却依然存在着仇视、限制、隔离、驱逐甚至灭绝犹太人的现象，这些都是反犹太主义的典型表现，属于反动的大民族主义。

面对悲惨的生活境遇，犹太人从未放弃对平等地位、政治权利的争取。19 世纪 40 年代初，犹太人的反抗斗争在德国广泛展开，犹太人问题成为德国民众的热议话题。德国青年黑格尔派的首领布鲁诺·鲍威尔就撰写了一批文章，表达他对这一问题的看法。其中在《犹太人问题》一文中鲍威尔谈道，只要德国还是基督教的国家，就不会让同基督教敌对的宗教信仰者犹太民族获得解放，得到平等的权利，如犹太民族要求平等，

便是利己主义。[1]他认为德意志民族所信仰的基督教应享有特权，完全否认普鲁士政府对犹太民族的压迫。马克思对布鲁诺·鲍威尔的反犹太主义言论表示反对，并在《论犹太人问题》一文中阐明了自己在犹太人问题上的基本观点。马克思指出，布鲁诺·鲍威尔根本没有看到问题之所在。犹太民族问题根本不是什么宗教问题，而是社会问题、政治问题。犹太民族的反抗斗争实质上是资产阶级性质的民族运动，寻求自由、平等的政治权利代表了资产阶级的历史进步性，因此应该给予支持和鼓励。普鲁士政府的对犹政策完全是反动的大日耳曼主义，必须坚决反对。

1890 年恩格斯在写给奥地利银行职员埃伦夫罗伊恩德的回信中全篇论述了反犹太主义问题。在该信件中，恩格斯对反犹太主义的产生地、倡导者和拥护者、虚假主张、反动实质等一一做了说明。恩格斯指出，反犹太主义只能产生于那些资本主义发展滞后的地方，即“只有在生产还是掌握在农民、地主、手工业者以及诸如此类由中世纪保存下来的阶级的手里的地方”[2]。因为只有在这些地方，犹太人的资本才会占优势，才会激起那些因入不敷出而落到高利贷者手中的贵族、地主，那些因大资本的竞争而没落的小资产者、行会手工业者和小店主对犹太资本的反对。而像英国、美国这种资本主义发展迅速的国家，谁要想鼓吹反犹太主义，只会落得被人耻笑的下场。至于反犹太主义者所宣称的“反对犹太人是为了反对资本主

①王炳煜,王力.马克思主义民族思想史[M].北京:中央民族大学出版社,1998:52.

② 马克思恩格斯全集:第 22 卷[M].北京:人民出版社,1965:59.

义”，恩格斯说这简直是最大的歪曲和谎言，因为他们根本不懂得辩证看待资本的作用，“如果说资本在消灭社会上这些反动透顶的阶级，那么它是在做它应该做的事，而且是在做一件好事”[①]，它是在帮助那些发展水平滞后的国家进步，马克思主义者完全肯定资本的这种积极性；他们也根本不了解他们所竭力批判的犹太人的阶级构成，事实上，在犹太人中除了富商和资本家，还有成千上万受剥削、受压迫的犹太无产阶级，这些犹太无产阶级正不断掀起反对资本主义的罢工行为。恩格斯强调：“反犹太主义无非是中世纪的、垂死的社会阶层反对主要由资本家和雇佣工人组成的现代社会的一股反动逆流”[②]，他们“戴上伪装的社会主义假面具，只为反动的目的效劳”，[③]根本就是封建社会主义的畸形变种，与科学社会主义毫无共同之处，从而彻底揭露了反犹太主义的反动实质。除此之外，恩格斯还特意列举了一些优秀的犹太人，包括马克思、拉萨尔、维克多·阿德勒、爱德华·伯恩斯坦、保尔·辛格尔等，以表达自己对他们的敬意和亲近。

（三）承认民族差别和民族特点，批判民族虚无主义

所谓“民族虚无主义”就是无视、抹杀、否定民族差别，甚或根本否认有民族特点存在的民族主义倾向。对于这种倾向，马克思在其所著《历史法学派的哲学宣言》以及 1866 年6 月 7 日和 6 月 20 日写给恩格斯的两封信中通过批判古斯达夫·胡果的民族虚无主义、蒲鲁东派的民族虚无主义，表明了他对

①马克思恩格斯全集：第 22 卷[M].北京：人民出版社，1965：58.

②马克思恩格斯全集：第 22 卷[M].北京：人民出版社，1965：59.

③马克思恩格斯全集：第 22 卷[M].北京：人民出版社，1965：59.

民族差别、民族特性的认识。

《历史法学派的哲学宣言》写于1842年7月底至8月6日，是马克思针对历史法学派的理论主张所写的一篇批判性文章。历史法学派是18世纪末期产生于德国的一个法学学派，它以反对古典自然法学派、强调法律体现精神和历史传统为基本特征，注重对起源问题的探讨与研究，最初代表着德国封建贵族的利益和要求。古斯达夫·胡果是该学派的鼻祖和创始人，因此在《历史法学派的哲学宣言》的开篇，马克思就集中论述了古斯达夫·胡果的哲学观点、原则方法和理论依据。其中在谈到古斯达夫·胡果的理论依据时，马克思指出，在胡果那里，凡是存在的事物都是权威，而每一个权威又都是一种根据，没有什么差别可言。正因如此，他在对待民族问题时也采取了同样的态度，把不同民族完全等同起来，认为它们是一样的。马克思认为这是非常错误的，事实上，各个民族都有自身不同于他民族的民族特点，表现为不同的民族习惯和地域风俗。为此，马克思还专门列举了暹罗人和英国人在对待本国国王时的不同表现、康奇人和法国人在衣着服饰上的不同表现、德国人和拉杰普特人在抚养女儿问题上的不同表现来证明民族特点、民族差别的现实存在。马克思强调，胡果在民族问题上的这种表现，完全基于其庸俗的怀疑主义哲学立场，不仅轻佻（马克思语）而且荒谬。

在1866年6月写给恩格斯的两封信里，马克思则涉及了有关蒲鲁东派的民族虚无主义的问题。其中在1866年6月7日的信中马克思谈到，在1866年5月20日刊登于《法兰西信使报》上一篇针对普奥战争威胁的呼吁书——《巴黎大学生致德意志和意大利大学生》中，巴黎大学生中的蒲鲁东派明确宣称“民族特性是无稽之谈”[①]，并鼓吹和平、叫嚣战争的过时性。马克思说，如果仅就反对普奥之类沙文主义战争而言，淡化、否定民族特性还具有一定的策略性意义，但从客观现实性上来讲，民族特性或民族特点是真实存在的，巴黎大学生中的蒲鲁东派的这种民族虚无主义表现，不仅无益于各民族的发展，而且会影响无产阶级的革命事业。因为对民族特性或民族特点的否认，会模糊无产阶级的政治立场和视界，使无产阶级忽视 19 世纪中叶一些正当的民族诉求。

无独有偶，在随后的 6 月 19 日举行的国际总委员会会议上，在谈到有关民族特性的问题及国际委员对这一问题的态度时，“青年法兰西”的代表同样提出了表现为民族虚无主义的论断：“一切民族特性和民族本身都是‘陈腐的偏见’”[②]。马克思在 6 月 20 日写给恩格斯的信中针对此事做出评述。马克思指出，“青年法兰西”代表的这一观点，完全是“蒲鲁东派的施蒂纳的思想”[③]。因为在施蒂纳那里，包括民族在内的祖国、人类以至世界本身都是旨在通过各种非个人的普遍事物来束缚个人的东西，它们都是对“我”这个“唯一者”的否定，因此必须予以抛弃，民族自然也就被抛弃了。不仅于此，马克思进一步分析道，这些蒲鲁东分子的表现实际上是矛盾和可笑的。因为他们前面还在大谈民族虚无，后面却又向会场内的人讲这种十分之九的人都听不懂的、极具民族特性的法语。马克

①马克思恩格斯全集：第 31 卷[M].北京：人民出版社，1972：224.

②马克思恩格斯全集：第 31 卷[M].北京：人民出版社，1972：230.

③马克思恩格斯全集：第 31 卷[M].北京：人民出版社，1972：230.

思说，这种矛盾性其实正好暴露了蒲鲁东派漠视、否定民族特性，宣言民族虚无主义的实质，即不过是为了凸显法国民族的至上地位，实现法国民族对其他各民族的吞并而已。

（四）反对民族侵略，批判民族沙文主义

“沙文主义”中“沙文”一词取自尼古拉·沙文（Nicolas Chauvin）的名字。尼古拉·沙文是拿破仑手下的一名士兵，他由于获得一枚军功章便对拿破仑表现出近乎疯狂的膜拜，并无原则地拥护拿破仑的军事征服政策。后来人们就用“民族沙文主义”来表示极端民族主义倾向和好战情绪。“民族沙文主义”一词在马克思和恩格斯的论著中出现频率较高。在《马克思致保尔·拉法格和劳拉·拉法格》（1870 年 7 月 28 日）、《恩格斯致马克思》（1870 年 8 月 15 日）、《〈法兰西内战〉草稿》、《〈德国农民战争〉一八七〇年版序言的补充》、《支持波兰》、《恩格斯致卡尔·考茨基》（1882 年 2 月 7 日）、《暴力在历史中的作用》、《俄国沙皇政府的对外政策》等文中，马克思恩格斯论述了法国的沙文主义、德国的沙文主义和俄国的沙文主义。

马克思和恩格斯以普法战争为论证依据将法国的沙文主义和德国的沙文主义放在一起进行讨论。普法战争爆发于 1870 年 7 月 19 日，战争焦点是德意志统一问题和欧洲大陆霸权问题。对于这场战争的发起，恩格斯认为完全是基于法国的沙文主义，他在 1870 年 8 月 15 日写给马克思的信中就明确指出：“如果没有大批法国人的沙文主义，即资产者、小资产者、农民以及由波拿巴在大城市中所创造出来的、怀有帝国主义情绪的、欧斯曼的、出身于农民的建筑业无产阶级的沙文主义，巴登格[①]是无法进行这场战争的”[②]。正基于此，恩格斯说，对于德国而言，当前的战争就是争取民族生存的战争，德国工人阶级也应该加入反法的行列中来。因为德国的胜利无论对德国工人还是法国工人都是有益的。具体来讲，德国胜利后，阻碍德意志统一的波拿巴主义肯定要走向破产，到那时，有关民族生存的问题已然得到解决，德国工人阶级的阶级任务跃居首位，德国工人就能按照与过去截然不同的全国规模组织起来；而就法国工人而言，推翻波拿巴主义的统治之后，无论法国再建怎样的政府，他们都将获得比过去多一些的自由活动空间。总之，在战争初期，马克思和恩格斯更多是对法国的沙文主义进行批判。

但随着战争的进一步深入，随着法国的节节败北，特别是在色当会战后，马克思和恩格斯对德法在这场战争中的地位和影响有了新的认识，马克思恩格斯指出：“(色当战役后，普鲁士）正逐渐地但是确实地变为一种为了新的德国沙文主义的利益而进行的战争”。[③]之所以这样说是因为，在色当会战后，拿破仑三世率8.3万官兵当了俘虏，法国上下一片哗然，民众愤然推翻法兰西第二帝国，建立起法兰西第三共和国。在这种情况下，阻止德国统一的障碍实际上已不存在，普军完全可以收手停止战争，但他们却并没有这样做，而是继续向法国进攻。这就使德国由过去的防卫者变成了侵略者，德国民族沙文主义

①巴登格：路易·波拿巴即拿破仑第三的绰号。波拿巴于1846年从阿姆越狱时穿的是一个名叫巴登格的泥瓦匠的衣服，于是便得此名。

②马克思恩格斯文集：第10卷[M].北京：人民出版社，2009：340-341.

③马克思恩格斯全集：第17卷[M].北京：人民出版社，1963：112.

倾向显露了出来。对此马克思恩格斯坚决予以反对。但令马克思恩格斯感到欣慰的是，德国工人阶级并未受本国沙文主义情绪的影响。在为《〈德国农民战争〉一八七〇年版序言》所作补充中，马克思和恩格斯就谈道："德国社会主义的工人一刻也没有被人引入迷途。他们没有被卷入民族沙文主义的狂澜。"① 马克思恩格斯对德国工人阶级在全国戒严状态下仍不断呼吁"同法兰西共和国缔结公正的和约""不要任何割地""惩办波拿巴家族及其犯罪同伙"的果敢与坚定表示敬佩。

对于俄国的沙文主义，马克思和恩格斯在《支持波兰》一文中谈道，1861 年俄国的圣彼得堡爆发了第一次重大的学生运动，用以反抗 1861 年 7 月政府出台的一个临时性规定，即加强对学生的管制，限制普通或贫穷家庭的子女入学。运动很快在莫斯科和喀山得到响应，一些进步的大学教授也加入到了反抗政府的学潮中来，到处都能感受到群情激愤的气息。这对于动摇沙皇政府的统治无疑是有利的。而沙皇政府也的确看到了这种危险性，于是故意激化与波兰之间的矛盾，引爆 1863 年的波兰民族大起义，以此来转移国内矛盾。果然奏效，学生运动、人民中的激愤情绪立刻得以平息，维持俄国在波兰的统治成为人们的共同目标。恩格斯说，这种结果的出现完全是俄国沙文主义情绪、心理在作祟，沙文主义对俄国国内民众有着极其恶劣的影响。而沙皇政府为了保持和加强这种影响，采取了办报刊、学校教育等多种方式，可谓用心良苦。

马克思恩格斯还以统观历史的方式揭示了俄国在全世界范

---

① 马克思恩格斯文集：第 2 卷[M].北京：人民出版社，2009：216.

围内表现出的极端民族主义倾向和好战情绪。在《俄国沙皇政府的对外政策》一文中，恩格斯用很大篇幅描述了叶卡特琳娜统治时期俄国的对外政策，包括俄波关系、俄德关系、俄土关系、俄美关系、俄法关系等，揭示出叶卡特琳娜等人如何利用外交手腕谋取暴利。恩格斯说："到叶卡特琳娜逝世的时候，俄国的领地已超过了甚至最肆无忌惮的民族沙文主义所能要求的一切"①，不仅夺得了出海口，而且占领了波罗的海和黑海的大片滨海地区和众多港口，迫使芬兰人、鞑靼人、蒙古人、立陶宛人、瑞典人、波兰人以及德国人都成为其统治的对象。不仅于此，恩格斯进一步指出："如果说对于叶卡特琳娜的侵略，俄国的沙文主义还有某些托词——我不愿说是辩白——，那么对于亚历山大的侵略，就根本谈不到这一点了。"②因为当进入亚历山大统治时期后，俄国的对外政策赫然演变为对别国领土的赤裸裸的暴力掠夺，演变为明火执仗的抢劫。俄国在欧洲占据了强大的地位，亚历山大成为当时欧洲的主宰。总之，马克思和恩格斯对俄国的沙文主义表示坚决反对，因为这种情绪、倾向不仅使俄国国内民众难以摆脱沙皇的残暴统治，而且使国外众多国家蒙受迫害。

二、马克思恩格斯对民族主义运动的关注和评析

19 世纪中期，欧亚各地陆续掀起了民族主义运动浪潮，马克思恩格斯对这些运动都予以了关注，并就波兰、爱尔兰民族主义运动，德意志、意大利、匈牙利民族革命运动，泛

①马克思恩格斯文集：第 4 卷[M].北京：人民出版社，2009：366.

②马克思恩格斯文集：第 4 卷[M].北京：人民出版社，2009：371.

斯拉夫主义运动，亚洲（主要是中国和印度）民族主义运动，做了重点评析。

(一) 马克思恩格斯对波兰民族主义运动的特殊关注

从19世纪40年代始到马克思恩格斯生命终结止，波兰民族问题一直是他们关注的焦点。就波兰民族问题，马克思恩格斯撰写了《论波兰》《论波兰问题》《对波兰的重新瓜分》《法兰克福关于波兰问题的辩论》《恩格斯致马克思（1851年5月23日）》《伊·萨博〈从十六世纪初到目前的现代欧洲国家政策〉》《伦敦德意志工人教育协会支援波兰的呼吁书》《工人阶级同波兰有什么关系?》《临时中央委员会就若干问题给代表的指示》《在伦敦纪念波兰起义大会上的演说》《支持波兰》《流亡者文献》《恩格斯致瓦列里·符卢勃列夫斯基》《在一八六三年波兰起义纪念会上的演说》《致日内瓦一八三〇年波兰革命五十周年纪念大会》《恩格斯致卡尔·考茨基(1882年2月7日)》《俄国沙皇政府的对外政策》《〈共产党宣言〉1892年波兰文版序言》《致弗里德里希·阿道夫·左尔格(1893)》等文章和书信30余篇（封）。

马克思和恩格斯之所以对波兰民族问题表现出如此大的关注，除一般意义上的同情于一个被剥削被压迫的民族而外，更重要的是波兰在当时的国际意义、国际影响：它是当时国际阶级斗争风暴的重心，是影响欧洲革命全局的问题。[①]波兰地处欧洲的中心，战略地位十分重要，因而成为列强争夺的目标。

①王炳煜，王力.马克思主义民族思想史[M].北京：中央民族大学出版社，1998：260—261.

从 1772 年波兰遭受俄罗斯、普鲁士、奥地利第一次瓜分开始，先后于 1793 年、1795 年和1815 年又经历三次被瓜分，最终沙俄占去了波兰的绝大部分土地，普鲁士和奥地利分到了波兰南部和西部的小片地方。面对屡被瓜分的悲惨命运，波兰民族奋起反抗。影响较大的起义包括 1830 年波兰举行的第一次反俄武装大起义、1846 年的克拉科夫起义、1848 年起义以及 1863 年起义。马克思和恩格斯对这些起义都给予了热情赞扬，同时总结了起义失败的经验教训，形成了关于波兰民族主义运动的一系列观点。

波兰民族主义运动的性质、对象、中心内容、领导力量和依靠力量、斗争方式以及革命前途问题。马克思和恩格斯指出，19 世纪的波兰人民处于国内封建贵族和国外俄普奥反动势力的双重统治之下，因此波兰的民族主义运动具有资产阶级民族民主革命性质。波兰国内封建贵族和国外俄普奥反动势力是波兰民族斗争的主要对象。由于波兰当时仍以农业为主，因此农民的土地问题是波兰民族主义运动的中心内容。马克思和恩格斯在《法兰克福关于波兰问题的辩论》一文中明确提出：必须实行土地革命，只有这样才能使波兰摆脱封建的野蛮状态，才能使处于农奴制或劳役制下的农民变成自由的农民。而要想彻底消灭陈旧的波兰，实现波兰的独立和解放，必须依靠无产阶级和广大人民群众，因为“波兰贵族既没有能够保持住波兰独立，也没有能够重新争得波兰独立；在资产阶级看来，波兰独立在今天至少是一件无关痛痒的事情。”[①]至于最有效的

①马克思恩格斯文集：第 2 卷［M］.北京：人民出版社，2009：24.

斗争方式必然是武装斗争，只有使用武力才能使革命更彻底。在纪念一八三〇年波兰革命五十周年的致辞中，马克思恩格斯表达了对波兰武装斗争的溢美之情："这个民族的优秀儿子从未停止过以武力回击敌人，他们到处在人民革命的旗帜下进行着战斗。"[①]同时，马克思和恩格斯谈到，未来的波兰将走向一个没有阶级对立的新社会，而这个没有阶级对立的新社会就是社会主义社会。

波兰民族主义运动在欧洲革命中占据重要地位。在马克思恩格斯看来，波兰民族主义运动对欧洲革命起着非常重要的作用，主要表现在三个方面：第一，波兰的民族主义运动有助于拆散反革命同盟——"神圣同盟"。1815 年 9 月 26 日，俄罗斯、普鲁士、奥地利三个军事专制国家在维也纳会议上结成联盟，建立起所谓的"神圣同盟"，用以维护维也纳体系和君主专制政治秩序，充当了欧洲反革命势力的堡垒。"神圣同盟"的结成是基于对波兰的瓜分，用恩格斯的话说："这三个强国对波兰进行的瓜分的路线，乃是一根把它们互相连结起来的链条；共同的掠夺用团结的纽带把它们联系起来了。"[②]因此，波兰的民族主义运动自然有助于拆散俄罗斯、普鲁士、奥地利之间的联系，有助于摧毁"神圣同盟"，从而为扫清欧洲革命道路上的最大障碍提供有益帮助。第二，实现波兰民族的独立和解放，也是实现俄德两国民主与解放的重要条件。马克思恩格斯谈道："只要俄国士兵还侵占着波兰，俄国人民就既不能获

①马克思恩格斯全集：第 25 卷[M].北京：人民出版社，2001：445.

②马克思恩格斯全集：第 5 卷[M].北京：人民出版社，1958：390.

得政治解放，也不能获得社会解放。……波兰的独立和俄国的革命是互为条件的”[①]；“波兰问题就是德国问题。没有独立的波兰，就不可能有独立统一的德国，就不可能使德国摆脱从第一次瓜分波兰时开始造成的对俄国的从属地位。”[②]因为奴役他民族的民族永远都逃脱不了被惩罚的命运。压迫民族用来压迫其他民族的力量，最后总是要反过来反对自己，即自身在给自身锻造镣铐。第三，作为欧洲整体中的一部分，波兰的独立能够促进欧洲各民族之间的诚恳合作，促进欧洲的社会改造，且为其他民族开展独立运动树立了好榜样。总之，马克思恩格斯强调，没有独立的波兰，欧洲的自由就难以确定。

批判了第一国际内部蒲鲁东主义者、拉萨尔主义者、彼得·福克斯等人在波兰民族问题上的错误观点。19世纪60年代波兰民族主义运动日益高涨，但同时也出现了各种贬低、反对甚至完全否定波兰民族主义运动的派别和言论。其中主要有蒲鲁东主义者、拉萨尔主义者以及实证论者彼得·福克斯，马克思恩格斯与他们进行了坚决的斗争。就蒲鲁东主义者而言，他们认为波兰问题和无产阶级没有什么关系，波兰问题只是纯粹的“政治问题”，而无产阶级应该专注于经济斗争，即社会问题。所以对于波兰民族问题，无产阶级既没有讨论的必要，更谈不上去支持。而且恢复波兰的独立对农奴并没有太大好处，而只会有利于三个阶层，即上层贵族、下层贵族和牧师。不止于此，蒲鲁东主义者还对马克思提出的“重建波兰来消除俄国

①马克思恩格斯文集：第3卷[M].北京：人民出版社，2009：355—356.

②马克思恩格斯全集：第15卷[M].北京：人民出版社，1963：614.

在欧洲的侵略影响”的观点提出了质疑。蒲鲁东主义者认为，不应该单独地、专门提出反对俄国一国，这是不公正的。如果俄国政府的影响应该遭到反对的话，那么包括普鲁士、奥地利、英国或者法国在内的所有欧洲政府的影响都应该受到遏制，因为它们的危害性并不比俄国小多少。针对蒲鲁东主义者的上述言论，马克思和恩格斯一一予以驳斥。马克思和恩格斯强调，波兰民族主义运动牵制和削弱了“神圣同盟”的反革命力量，有助于欧洲的无产阶级革命事业，因此无产阶级必须支持波兰的民族主义运动。特别是对沙俄“这个头在圣彼得堡而在欧洲各国内阁里有其爪牙的野蛮强国”而言，更应该把波兰的独立与推翻沙皇制度紧密联系起来。马克思和恩格斯尖锐地指出，蒲鲁东主义者在波兰问题上实际上成了沙俄侵略政策的辩护士，他们宣判“波兰 1863 年起义被镇压是罪有应得”，鼓吹“俄国是未来的伟大国家，是世界上最先进的强国”，这些谬论使他们的民族沙文主义倾向暴露无遗。

至于拉萨尔主义者，他们鼓吹波兰在德国的保护下恢复起来，这是最光荣最合法的任务，而为了这个目的，战争将是最必要最合法的手段；他们反对马克思和恩格斯提出的没有独立的波兰就不可能有独立统一的德国的思想；并声称德国在波兰执行了比俄国“更人道”的政策，“俄国仅仅知道用武力占领地盘，德国更知道一开始就以暴力使侵略了的各省日耳曼化，而且使之变成德意志文化的侵占。这能否算作谁的疆界，还是一个要经过专门研究来确定的实际问题”①。马克思和恩格斯指

①拉萨尔全集：第 4 卷［M］.德文版，柏林，1919：305—306.

出，拉萨尔主义者的这些言论，实际上是“向落后的普鲁士容克献媚”，是在为德国的侵略政策辩解。

在1864年11月29日召开的纪念1830年波兰革命34周年的会议上，彼得·福克斯向国际工人协会中央委员会提出建议，希望以协会英国成员的名义发表一封致波兰人民的公开信。国际工人协会中央委员会接受了福克斯的建议并委托他来起草这封信件。也正是在这封信中，福克斯提出了一个“法国传统外交政策有利于波兰的重建和独立”的观点。对此马克思表示不能同意，并于1864年12月13日—1865年1月3日写了《关于法国对波兰的态度的演讲草稿》与福克斯展开论战。在这份草稿中，马克思介绍了1815年以前法国对波兰的外交政策，通过路易十五统治时期、波拿巴统治时期、拿破仑统治时期的有关具体事例，说明了法国并未对波兰做过什么有益的事情，反而使波兰既尊严受辱也利益受损。马克思说，在法国的外交史实面前彼得·福克斯的观点是根本立不住脚的，他完全是在为法国的侵略行径辩护，是在美化法国，表现出狭隘的民族主义倾向。

（二）马克思恩格斯对爱尔兰民族主义运动的关注

就爱尔兰民族问题，马克思和恩格斯撰写了《伦敦来信》1843年、《英国工人阶级状况》《爱尔兰的复仇》《恩格斯致马克思（1856年5月23日）》《马克思致恩格斯（1867年11月2日）》《马克思致恩格斯（1867年11月30日）》《1867年12月16日在伦敦德意志工人共产主义教育协会所作关于爱尔兰问题的报告的提纲》《恩格斯致马克思（1869年10月24日）》《总委员会关于不列颠政府对囚禁的爱尔兰人的政策的决议草案》《马克思致路德维希·库格曼（1869 年 11 月 29 日）》《马克思致恩格斯（1869 年 12 月 10 日）》《机密通知》《总委员会致瑞士罗曼语区联合会委员会》《马克思致齐格弗里特·迈耶尔和奥古斯特·福格特》《爱尔兰歌曲集代序》《爱尔兰史》《“爱尔兰史”的片断》《爱尔兰的警察恐怖》《关于各爱尔兰支部和不列颠联合会委员会的相互关系》《恩格斯致爱德华·伯恩斯坦（1881 年 3 月 12 日）》等文章约 15 篇，信件约 22 封。

与波兰一样，马克思和恩格斯之所以重视爱尔兰问题，也不仅仅基于对爱尔兰人历史遭遇的同情，而更多是因为爱尔兰与英国之间的深厚关系。爱尔兰是英国的第一块殖民地，从 12 世纪后半期开始到 19 世纪 50 年代，英国统治爱尔兰已有 700 多年之久。经过这漫长的历史积淀，英国工人阶级在对待爱尔兰问题上与英国统治阶级的认识基本一致，即认为爱尔兰理应受英国的殖民统治。用马克思的话说，英国工人阶级在爱尔兰工人阶级面前觉得自己是统治民族的一分子。因此，为了使英国工人阶级能够与统治阶级划清界限，能够与爱尔兰人一致行动，从而能够在英国本土做出一些有决定意义的事情(推翻本国贵族和资本家)，马克思和恩格斯对爱尔兰民族问题进行了深入研究，提出了一系列重要观点。

爱尔兰民族问题首先表现为土地问题。爱尔兰是一个以农业为主的国家，工业在那里几乎是一片空白。英国占领爱尔兰后没收了爱尔兰的土地，英国贵族摇身变成了爱尔兰土地的所有者，同时还是令人深恶痛绝的民族压迫者。他们采取各种方式盘剥农民，农民处境非常悲惨。不仅如此，为了扩大牧场，以喂养更多的羊群和牛群，他们强行把农民从耕地驱赶出去，把大片耕地变成了牧场，不仅断了农民的生计，而且造成农民流离失所、无家可归。为了生存，很多人不得不到英国、美国等地去谋生。而英国、美国等地的劳动者对爱尔兰人的到来并不友好，他们把爱尔兰人视作导致他们生活水平降低的竞争者，于是故意排挤和歧视外来的爱尔兰人。这就把爱尔兰人置于苦难的深渊，也激起了爱尔兰农民对英国殖民主义者的强烈不满。马克思和恩格斯十分重视和支持爱尔兰的农民运动。马克思恩格斯指出，只有解决了关乎爱尔兰人民生与死的土地问题，才能真正保证爱尔兰的生存和发展。而且更为重要的是，爱尔兰农民运动无疑有利于英国无产阶级获得解放，因为“英国无产阶级解放的首要条件——推翻英国的土地寡头政权”[①]，而爱尔兰农民运动所致力于消灭的土地贵族大部分也就是英国的地主。

爱尔兰实现自由和独立的途径和方式。马克思和恩格斯都曾强调过英国的特殊地位和特殊重要性，指出在英国已经兴起了改造现代社会的真正风暴，只有英国可以成为重大经济革命的杠杆[②]，并寄希望于通过英国无产阶级革命的胜利来解放殖

①马克思恩格斯文集：第10卷[M].北京：人民出版社，2009：314.

②对此，马克思有更详细表述：英国“是这样一个国家，唯有那里已经没有农民并且土地所有权集中在少数人手里。唯有这个国家中的资本主义形式——即劳动大规模地联合在资本主义企业主的统治下——几乎笼罩了整个的生产。唯有这个国家中的绝大多数居民是雇佣工人，唯有这个国家中的阶级斗争和工人阶级在工联中的组织达到了一定程度的成熟和普遍性。由于英国在世界市场上占统治地位，因而唯有英国这个国家在经济方面的每个变革会立即在全世界得到反映。……英国拥有进行社会革命的一切必要的物质前提”。——出自马克思《机密通知》一文

民地和被压迫民族。在爱尔兰问题上也是如此，他们认为爱尔兰问题只能依靠和等待英国无产阶级来解决。

在1869年11月29日写给路·库格曼的信中马克思还明确指出：“英国无产阶级在整个社会解放的天平上毫无疑问是举足轻重的，所以杠杆必须安放在这里”[①]。但在几天之后，即12月10日，马克思在写给恩格斯的信中却对“杠杆安放在哪里”做出了调整：“我长期以来认为可以借英国工人阶级的崛起来推翻统治爱尔兰的制度。我在《纽约论坛报》上总是维护这种观点。但是我更加深入地研究了这个问题以后，现在又得出了相反的信念。只要英国工人阶级没有摆脱爱尔兰，那就毫无办法。杠杆一定要安放在爱尔兰”。[②]

促使马克思认识转变的原因在于：英国无产阶级革命并没有像马克思和恩格斯预期的那样蓬勃发展，而是逐渐走向了消沉，很多工业无产阶级被资产阶级化了，“英国无产阶级实际上日益资产阶级化了，因而这一所有民族中最资产阶级化的民族，看来想把事情最终弄到这样的地步，即除了资产阶级，还要有资产阶级化的贵族和资产阶级化的无产阶级”[③]，他们欣然同资产阶级共享英国的殖民垄断盛宴。英国工人阶级的腐化使马克思感到非常失望，而此时的爱尔兰民族主义运动却如火如荼地展开。正是这种反差，引起马克思对英爱关系的新思考，从而重新摆放了爱尔兰民族主义运动与英国无产阶级革命的先后顺序。马克思告诫英国无产阶级：“爱尔

①马克思恩格斯文集：第10卷[M].北京：人民出版社，2009：315.

②马克思恩格斯文集：第10卷[M].北京：人民出版社，2009：316.

③马克思恩格斯文集：第10卷[M].北京：人民出版社，2009：165.

兰的民族解放对他们来说并不是一个抽象的正义或博爱的问题，而是他们自己的社会解放的首要条件。”[①]因为：爱尔兰的解放能够动摇英国贵族的地位和消除英爱工人之间的矛盾；爱尔兰的独立将使英国政府丧失维持庞大常备军的唯一借口。总之，爱尔兰独立是加速英国社会革命的有效方式，甚至可以说是唯一办法。与此同时，马克思和恩格斯也对爱尔兰的独立方式进行了思考。在1870 年为德国社会民主工党委员会所写《机密通知》一文中马克思提出：“……把现存强制的合并，即对爱尔兰的奴役，变成平等的自由的联盟……如果这是可能的话，或者完全分离……如果这是必要的话。”[②]这可以说是马克思恩格斯对爱尔兰独立方式的完整表达。也就是说，建立单一的民主共和国是马克思和恩格斯在爱尔兰独立方式亦即国家结构形式问题上的根本主张。但在尚不具备实现完全分离的条件下，通过英国工人阶级支持爱尔兰民族运动实现爱尔兰解放，从而建立起联邦也是前进一步。

批判了第一国际内部工联主义者、巴枯宁主义者在爱尔兰问题上的错误言论和表现。“工联”是英国熟练工人组成的工人联合会，是少数上层工人的经济互助团体。工联曾在国际工人运动中起过非常积极的作用，但随着时间的推移，随着革命形势的发展，这些曾经的“功臣”却提出了一些错误的言论，采取了一些错误的行动。人们把这些错误言论和行动统称为“工联主义”。工联主义者在爱尔兰问题上的错误表现主要集中在三个方面：一是攻击芬尼亚党人，反对支持爱尔兰民族主义

①马克思恩格斯文集：第 10 卷[M].北京：人民出版社，2009：327.

②马克思恩格斯全集：第 16 卷[M].北京：人民出版社，1964：475.

运动。“芬尼亚党”是由流亡在美国的爱尔兰爱国者组成的“革命同志会”。他们致力于爱尔兰的民族独立事业，与英国政府进行对抗。1867 年，芬尼亚党人又在爱尔兰的一些城市发动起义。但起义先后遭到镇压，许多芬尼亚党人被逮捕并被判处死刑或徒刑。面对这种状况，很多爱尔兰民众在英国和爱尔兰开展了群众运动，要求赦免和释放被囚禁的芬尼亚党人。工联主义者对此不仅不给予支持，反而攻击芬尼亚党人在革命中使用了暴力，破坏了两国的联盟，反对释放被囚禁的芬尼亚党人；二是拥护资产阶级政府首相格莱斯顿在爱尔兰问题上的虚假表现，向资产阶级自由党示好；三是要求建立英国联合会委员会，反对在国际内建立独立的爱尔兰组织。针对工联主义者的上述表现，马克思和恩格斯给予了严厉批判，指出：工联主义者在芬尼亚党人问题上的立场是完全错误的，是在为英国殖民政府帮腔造势；而格莱斯顿及其同伙谈论爱尔兰问题只不过是为了拉拢人民、争取选票，重新获得政权罢了。工联主义者极力美化格莱斯顿政府，向对方“献媚”，只是为了达到在自由党施舍下继续他们的政治生涯的可怜目的；至于工联主义者反对在国际内建立独立的爱尔兰组织，其真正目的是要使爱尔兰各支部受英国联合委员会的管辖。就此马克思恩格斯进一步强调，这一目的一旦达到，就等于在国际内部实行英国人对爱尔兰人的压迫、等于在结束英国贵族和英国资产阶级的统治之后，爱尔兰人继续接受英国工人阶级的统治。

巴枯宁主义者与工联主义者一样，在爱尔兰民族问题上也站在了马克思和恩格斯等国际主义者的对立面，声称国际“支持民族解放运动，干涉英爱争执而站在被压迫民族方面就等于是为了一件仿佛和劳动人民利益毫无瓜葛的事而浪费时间和金钱。”[①]对此，马克思和恩格斯同样进行了无情批判，指出巴枯宁主义者根本不了解当前革命运动的发展实际，并就爱尔兰民族解放运动的地位和作用进行了重申。同时还对国际的任务和立场做了明确规定：“‘国际’的任务就是到处把英国和爱尔兰的冲突提到首要地位”、国际的立场就是“到处都公开站在爱尔兰方面”[②]。马克思恩格斯强调，只有这样才能帮助爱尔兰实现独立。而只有爱尔兰独立，才能加速英国的社会革命(在当时的历史条件下，这一点正是国际工人协会所致力达到的最重要目的)。

同时，马克思和恩格斯还专门对爱尔兰的历史进行了梳理和研究，写出了包括《关于爱尔兰问题未作的发言的提纲》《关于爱尔兰问题报告的提纲》《从美国革命到1801年合并的爱尔兰：摘录和札记》《从美国革命到1801年合并的爱尔兰：摘录和札记的概要》《爱尔兰史》（《爱尔兰史》是一部未彻底完成的著作）等一系列重要著作，从而为大家展示了一个真实的爱尔兰。

（三）马克思恩格斯对德意志、意大利、匈牙利民族革命运动的支持

19世纪40年代欧洲广大地区掀起了一股革命浪潮，俗称1848年欧洲革命。马克思恩格斯亲历了这场革命，并对法国、德意志、意大利、匈牙利、捷克、斯洛伐克、南斯拉夫等民族

①梁守德.民族解放运动史[M].北京:北京大学出版社,1985:151.

②马克思恩格斯文集:第10卷[M].北京:人民出版社,2009:329.

运动进行了分析和总结。其中就德意志、意大利、匈牙利民族运动，马克思恩格斯撰写了《德国的对外政策》《德国的对外政策和布拉格最近发生的事件》《德国的革命和反革命》《共产党在德国的要求》《意大利的解放斗争及其目前失败的原因》《"科伦日报"论意大利》《在意大利和匈牙利的战争》《皮蒙特军队的失败》《给'黎明报'编辑部的信》《匈牙利的斗争》《匈牙利的战争》《关于马扎尔人的详情。——蒂萨河畔的胜利。——奥地利人的暴行。——战争的概况》《再谈马扎尔人》《匈牙利战争》《匈牙利战地新闻》《马扎尔人的胜利》《〈科伦日报〉论马扎尔人的斗争》《匈牙利》《匈牙利人的胜利》等多篇文章，既表达了对这些民族的革命运动的支持，而且还提出了一些具体的策略、主张。

马克思恩格斯强调，德意志、意大利、匈牙利的革命运动属于进步的资产阶级民族民主革命。因为这些民族的人民一方面遭受着本国国内封建阶级的统治，另一方面还遭受着国外异族势力的压迫。其中，德意志民族遭受着沙俄的压迫、意大利和匈牙利则遭受着奥地利哈布斯堡王朝的压迫。在明确了这些民族的革命性质和革命对象后，马克思恩格斯进一步指出，就德意志民族而言，必须把建立一个统一的、不可分割的德意志共和国作为本民族的首要任务。对于德意志北部小资产阶级民主派希望德国普鲁士化、南部小资产阶级民主派希望建立瑞士式的联邦构想、奥地利和德意志西南部各邦资产阶级提出的"大德意志方案"——在奥地利统治之下建立一个中欧大国，以及普鲁士和德意志北部各邦资产阶级提出的"小德意志方案"——由普鲁士全权统治，马克思恩格斯都一一予以否定。

恩格斯在《德国来信》中就明确说道："除了统一的、不可分割的、民主的和社会的德意志共和国这种形式，它不能以任何其他形式统治"[①]。因为只有建立统一的民主共和国，才能有利于德意志民族摆脱经济困境、积累国家财富，才能实现德意志政治上的集中和文化上的发展繁荣，才能为无产阶级在更大范围内团结起来进行革命斗争创造有利条件。除此之外，马克思恩格斯也谈到，长久以来，德国统治阶级为了巩固自己的专政地位，为了延长自己的统治寿命，唆使不同民族之间相互厮杀、利用一个民族压迫另一个民族，制造和参与了无数民族压迫、民族奴役暴行，用恩格斯的话说："它的罪行数不胜数"[②]。因此，要想实现德意志民族本身的解放，首先应该赋予被本国束缚的民族以自由和解放，"德国将来自由的程度要看它给予毗邻民族的自由的多少而定"[③]。就此，马克思恩格斯特别谈到了德波关系问题。马克思恩格斯指出，德国参与对波兰的瓜分，实际上使德国陷入了俄国的深深束缚当中。俄国充当了德国封建王朝的坚强支柱，导致德国国内始终无法摆脱宗法封建的专制政体，人民遭受着严酷的封建统治。正基于此，支持恢复波兰、建立民主的波兰是德意志民族摆脱沙俄束缚、摆脱国内封建统治、建立民主德国的首要条件。

就意大利而言，改变政治上被分裂为 8 个小邦的封建割据状态，实现民族的统一，成为其革命运动展开的首要任务和目

①马克思恩格斯全集：第 10 卷[M].北京：人民出版社，1998：123.

②马克思恩格斯全集：第 5 卷[M].北京：人民出版社，1958：178.

③马克思恩格斯全集：第 5 卷[M].北京：人民出版社，1958：178.

标。因为“没有民族统一，民族生存只不过是一个幻影”。[①]意大利的广大民众认识到了这一点，并准备以殊死的精神为之进行战斗。但并非所有人都希望意大利从奥地利的压迫下解放出来，并非所有人都有普通民众的这份革命热忱。马克思恩格斯谈道，意大利的封建君主，特别是萨丁国王查理—阿尔伯特，就成为意大利自由目标实现的最大敌人、最大障碍。在《意大利的解放斗争及其目前失败的原因》《皮蒙特军队的失败》《查理—阿尔伯特的叛卖》等文中，马克思恩格斯就对查理—阿尔伯特仇视、猜忌具有自由思想的活动家、妄图利用1848年意大利民族运动来获得最多的权力和威势的丑恶目的进行了披露。马克思恩格斯说，查理—阿尔伯特为了他的一顶王冠，足以把意大利引向灭亡。除此之外，伦巴第贵族、资产阶级自由派也都无心革命，时不时会干出一些背信弃义的勾当。因此，只有无产阶级和农民才是意大利革命者可以联合的对象。与此同时，恩格斯就意大利的革命方式给出了自己的观点。他在《皮蒙特军队的失败（二、三)》中指出，皮蒙特人想用最一般的、资产阶级式的、规规矩矩的战争，即用正规军来抵抗奥地利军队，这是一个很大的错误。实际上，“群众起义、革命战争和到处组织游击队——这才是小民族制胜大民族、不够强大的军队抵抗比较强大和组织良好的军队的唯一方法”[②]。但他也不无遗憾地说道，在皮蒙特，这种革命方式永远也不可能得到采用。因为皮蒙特是一个具有君主制传统的王国，王室

①马克思恩格斯全集:第21卷[M].北京:人民出版社,2003:223.

②马克思恩格斯全集:第6卷[M].北京:人民出版社,1961:461.

向来惧怕群众起义、全民起义，他们“宁可跟自己的最凶恶的但出身相同的敌人讲和，而不顾同人民联合”[①]，君主制成为人民革命的最大束缚。因此，恩格斯强调，必须消灭意大利的君主制。只有使君主制灭亡，才能保证意大利的存在与发展。

就匈牙利民族运动，马克思恩格斯撰写了一系列战地新闻、战况报道。他们对科苏特领导的军队在革命中表现出的积极热情予以高度评价。恩格斯在《匈牙利的斗争（1849 年 2 月 14—15 日）》一文中就说道：“长时期以来，我们第一次见到了真正的革命性质，第一次看见了一个敢于代表本族人民接受敌人的挑战而进行殊死斗争的人——路德维希·科苏特”。[②]其中所谓“真正的革命性质”是指当时的匈牙利革命军队与奥地利反革命军队相比处于劣势地位，但还是敢于用红色恐怖来对抗白色恐怖，表现出弱小民族战胜强大民族的英勇和信心。“群众性的起义，全国都来制造武器，发行纸币，迅速镇压一切阻碍革命运动的人，不断革命——总而言之，在被科苏特所武装、组织、鼓舞的匈牙利，我们重新看到了光荣的 1793 年的一切基本特征”[③]，这些革命特征在现时的匈牙利的重现是何等令人兴奋。当然，在赞赏的同时，马克思恩格斯也谈到，马扎尔的豪绅显贵、贵族军官缺乏坚定的革命性，更多时候还是以本集团、本阶级的利益为重，因此不能完全信任和寄予厚望，要时刻提防他们叛变革命。除此之外，马克思恩格斯也提醒科苏特政府：一定要处理好农民的土地问题，因为尚处封建

①马克思恩格斯全集：第 6 卷[M].北京：人民出版社，1961：463.

②马克思恩格斯全集：第 6 卷[M].北京：人民出版社，1961：193.

③马克思恩格斯全集：第 6 卷[M].北京：人民出版社，1961：193—194.

专制下的匈牙利，农民还占人口的大多数。一定要处理好马扎尔人与各少数民族的关系问题。因为匈牙利是一个多民族国家，民族关系的好坏直接关系到匈牙利的稳定和团结。一旦民族关系恶化，少数民族就极易被奥地利反革命势力利用，演变为反对匈牙利革命斗争的帮凶。与此同时，马克思恩格斯也对沙俄帮助奥地利哈布斯堡王朝镇压匈牙利革命的行为予以谴责。马克思恩格斯指出，俄国在匈牙利的统治就等于匈牙利民族的灭亡。因此，必须反对沙俄的武装干涉以挽救民族危亡。

（四）马克思恩格斯对泛斯拉夫主义的批判

斯拉夫人是对操印欧语系斯拉夫语族诸语言各族的总称。经过长久的历史变迁，到 19 世纪 30 年代，斯拉夫人分成了三个支系：东斯拉夫人，包括俄罗斯人、白俄罗斯人、乌克兰人；西斯拉夫人，包括波兰人、捷克人、斯洛伐克人、卢日支人等；南斯拉夫人，包括保加利亚人、塞尔维亚人、克罗地亚人、斯洛文尼亚人、波斯尼亚人等。

“泛斯拉夫主义”最初作为一种思想或情感表达产生于西斯拉夫人中，是由西斯拉夫人中几个喜爱历史科学的学者从书斋里发起的。他们以写作哀诗的形式大肆渲染斯拉夫人过去的伟大和现在的不幸，企盼着那能把斯拉夫人从不幸中解救出来的救世主出现。进入 19 世纪 40 年代后，“泛斯拉夫主义”更多作为一种政治思潮和社会运动出现。捷克、斯洛伐克、南斯拉夫等斯拉夫族人在“泛斯拉夫主义”旗帜下展开民族主义运动，意欲建立一个由全体斯拉夫人统治的大帝国。不仅于此，他们还把这一“梦想”实现的希望寄托在沙皇俄国身上，谋求沙皇俄国的带领和帮助。基于此等种种，马克思和恩格斯对

“泛斯拉夫主义”表示坚决反对。马克思恩格斯明确指出：泛斯拉夫主义者建立帝国的迷梦不仅是虚幻的，而且是对过去历史的全盘否定；他们与沙皇俄国勾结，演变成了这个反革命势力的帮凶。有关阐述集中于马克思恩格斯所著《匈牙利的斗争》《民主的泛斯拉夫主义》《德国的革命和反革命》《德国和泛斯拉夫主义》《社会主义民主同盟和国际工人协会》《恩格斯致卡尔·考茨基（1882 年 2 月 7 日）》《恩格斯致爱德华·伯恩斯坦（1882 年 2 月 22、25 日）》等论著和书信中。

泛斯拉夫主义的幻想性和反历史性。马克思和恩格斯谈道，泛斯拉夫主义的目的是“把斯拉夫人的原有土地归还给斯拉夫人，把奥地利（提罗耳和伦巴第除外）变成一个斯拉夫帝国”，这就“意味着宣布近千年来的历史发展全部无效”，是“荒唐的、反历史的”，是“开倒车”，是“纯粹的幻想”。因为自查理大帝（公元 742—814 年）时代起，德国人由西、马扎尔人由东分别侵入斯拉夫人的聚集区，最终波希米亚西部地区，沿着多瑙河两岸一直伸展到莱达河东岸地区划归德国所有；而特兰西瓦尼亚和匈牙利中部直到德国边境则属于了马扎尔人；土耳其人则占领了多瑙河和沙瓦河南面。这就意味着，曾经的斯拉夫人聚集区受德、匈、土的侵入已分崩离析。如果要把斯拉夫人的原有土地归还给斯拉夫人，就只有把土耳其、匈牙利和半个德国从欧洲地图上抹掉。其次，德国和匈牙利资产阶级的出现远早于斯拉夫地区，因此推动斯拉夫地区经济文化发展的正是德国人和马扎尔人。如果恢复到斯拉夫人过去的状态，就等于“要使文明的西方屈服于野蛮的东方，城市屈服于乡村，商业、工业和文化屈服于斯拉夫农奴的原始农业”。[①]而且，长久的混居使处于德国人和马扎尔人包围中的大部分斯拉夫人已逐渐被同化，“……在精神方面，斯拉夫人也受德国人的支配，连克罗地亚的斯拉夫人也是如此……在精神、性格和习俗方面，都成为道地的马扎尔人了。”[②]在这种情况下若要想生硬地再划分民族成分已显得多余和可笑。再者，这些民族所处文明阶段极不相同。如波希米亚在德国人的帮助下工业和文化都已相当发达，而克罗地亚人和保加利亚人则还处于游牧性质的野蛮状态。让差异已非常之大的各族再联合起来并非易事。事实上，它们之间的利益是极为对立的。还有，这些民族使用的都是民间土语，在语言方面大部分互不相通，根本没有统一的斯拉夫语。最后也是关键的一点是，这一运动缺乏群众基础。恩格斯于 1882 年 22、25 日写给爱德华·伯恩斯坦的信中就提道：“泛斯拉夫主义只不过是有‘教养的阶层’、城市和大学、军队和官吏的人为的产物；农村对它毫无所知，甚至领地贵族也如此窘困，以至于诅咒一切战争”。[③]这就说明，泛斯拉夫主义事实上并没有得到广大群众的支持。没有人民的支持，任何事业都会归于失败。总之，无论从历史、地理还是从经济、文化等角度来说，泛斯拉夫主义都不具备任何实现的可能性。

泛斯拉夫主义的反动性、反革命性。马克思和恩格斯指出：“泛斯拉夫主义按其基本倾向来说，是反对奥地利的革命

①马克思恩格斯文集：第 2 卷[M].北京：人民出版社，2009：401.

②马克思恩格斯全集：第 6 卷[M].北京：人民出版社，1961：199—200.

③马克思恩格斯全集：第 35 卷[M].北京：人民出版社，1971：271.

分子，因此，它显然是反动的”。[①]1848—1849年，德国、意大利、匈牙利等国掀起了革命的民族主义运动，反对俄、普、奥三国结成的“神圣同盟”是这一运动的首要任务。马克思恩格斯对这些革命运动给予了高度评价。长期遭受民族压迫的斯拉夫人本该加入这一革命洪流中来，共同反对奥地利哈布斯堡王朝的统治，反对沙皇俄国的侵略。但遗憾的是，为了一个独立民族的幻影、为了虚构的全体斯拉夫人的民族特性、为了建立那个所谓的奥地利联合君主国，斯拉夫人选择站在了专制主义和反动势力一边，用以制止革命运动对奥地利帝国的瓦解，保全奥地利的所谓完整。其中捷克人支持哈布斯堡王朝镇压匈牙利革命，并帮助绞杀德意志革命志士；斯洛伐克人则帮助镇压马扎尔人起义；南方斯拉夫人也同哈布斯堡王朝联合起来共同反对德国人和马扎尔人的斗争。与此同时，沙皇俄国对拿破仑和奥斯曼土耳其人战争的胜利，使各地分散而又弱小的斯拉夫民族看到了“希望”。他们把沙皇俄国当成了自己的救命稻草，以求在沙皇俄国保护下建立斯拉夫联盟、摆脱异族统治。他们的这种“愿望”得到了沙皇俄国的积极响应，因为这正好为沙皇俄国的侵略扩张提供了借口。沙皇俄国自此便以解放各斯拉夫族为名疯狂行独霸之实，广泛宣传“泛斯拉夫主义”思想，加紧步伐要建立一个由俄国统治的从厄尔士山脉和喀尔巴阡山脉直到黑海、爱琴海和亚得里亚海的斯拉夫国家。泛斯拉夫主义俨然成了“俄国的鞭子”，捷克、斯洛伐克等斯拉夫人充当了俄国反动势力的帮凶，巩固了沙皇俄国的欧洲宪兵地

①马克思恩格斯全集：第6卷[M].北京：人民出版社，1961：200.

位，成了“在奥地利的第三种破坏势力”。

波兰人是唯一没有任何泛斯拉夫主义欲望的斯拉夫民族。马克思和恩格斯指出，同样作为斯拉夫人，虽然波兰曾遭受过德意志、匈牙利的压迫，但在革命的当口，他们不计前嫌毅然同自己过去的敌人——德国人和马扎尔人结成同盟来共同反对泛斯拉夫主义者的反革命；他们始终把自由看得比斯拉夫主义更珍贵，表现出“高度的政治觉悟”和“真正的革命精神”；他们懂得，压迫他们的主要是他们自己的所谓“斯拉夫兄弟”——俄罗斯人，所以他们把斗争的矛头更多集中在沙皇俄国身上。波兰人不为“泛斯拉夫主义”所蛊惑，也是马克思和恩格斯对波兰民族主义运动特殊关注的原因之一。

批判了第一国际内部成员巴枯宁、伯恩斯坦在泛斯拉夫主义问题上的错误立场、观点。1848 年巴枯宁写了一本名为《对斯拉夫人的号召》的小册子。在这本小册子中巴枯宁号召斯拉夫人团结起来，因为他们有共同的历史和血统关系；并说革命的最终目的是要建立一个欧洲共和国总联邦；还使用“正义”“人道”等字眼粉饰泛斯拉夫主义的愿望和要求。针对这些，恩格斯撰写了《民主的泛斯拉夫主义》一文与其展开论战。恩格斯把巴枯宁的言论直呼为“陈词滥调”，并尖锐地指出，在巴枯宁那本名为《对斯拉夫人的号召》的宣言式的小册子里，除了一些多少属于道德范畴的字眼（如“正义”“人道”“自由”“平等”“博爱”）外，没有提到任何有价值有意义的东西。单靠这些字眼，既证明不了什么，更无力解决什么，巴枯宁等人脱离实际的幻想根本无法实现。同时，恩格斯针对巴枯宁控诉德国人和马扎尔人对斯拉夫人犯下滔天罪行的夸大言论也进行了反驳。恩格斯说，巴枯宁指责德国和匈牙利占领了广大斯拉夫地区，但事实上如果没有德国人和马扎尔人把这些零散和弱小的民族联合起来，并领导和帮助他们反对土耳其的侵略，这些民族势必会遭到奥斯曼人的残酷蹂躏，更谈不上参与历史的发展。现在这些民族在德国人和马扎尔人的帮助下工业、贸易、交通等都有了长足进步，所以不仅不该指责德国人和马扎尔人，反而应该感激他们。到了 1861 年，巴枯宁又写了以《告俄国、波兰和全体斯拉夫友人书》为题的长篇宣言的第一部分（一直未见到第二部分），并作为附录刊发在 1862 年 2 月 15 日的《钟声》杂志上。在这第一部分中巴枯宁依旧以高昂的热情宣称要为全体斯拉夫人的自由和独立事业贡献余生，并指出在所有斯拉夫族中，只有俄罗斯人保全下来并在欧洲站稳了脚跟，因此它自然具有合法的感召力，沙皇理应成为各自由民族的自由联邦的首脑。马克思和恩格斯以“巴枯宁的逃跑”“巴枯宁和沙皇”等为题[①]对其无耻谰言予以回击，从而揭露了巴枯宁向沙皇献媚的丑恶嘴脸。马克思恩格斯明确指出，巴枯宁妄想扮演双重角色——在工人面前扮演一个共产主义者，而在俄国人面前扮演一个狂热的民族主义者——泛斯拉夫主义者的企图根本不可能实现。

除巴枯宁外，伯恩斯坦在泛斯拉夫主义问题上也与马克思恩格斯的观点相左。伯恩斯坦认为，对于被压迫的南方斯拉夫人应该给予同情。恩格斯回应道，并非一切被压迫民族都该同情。各小斯拉夫民族把沙皇这个反动势力看作他们唯一的解放

①参见马克思恩格斯《社会主义民主同盟和国际工人协会》.

者，自觉或不自觉地为俄国的侵略扩张服务，与无产阶级革命事业相抵触，其反动性、落后性昭然若揭，因此必须加以反对和抵制。

（五）马克思恩格斯对亚洲民族主义运动的分析

19 世纪 50—60 年代，亚非拉地区掀起了一股反抗殖民侵略的民族主义（民族解放）浪潮，马克思和恩格斯对此予以了极大关注，特别是对亚洲（主要是中国和印度）的民族主义运动进行了重点阐述。《中国革命与欧洲革命》《帕麦斯内阁的失败》《英人在华的残暴行动》《波斯和中国》《鸦片贸易史》《俄国在远东的成功》《不列颠在印度的统治》《东印度公司、它的历史与结果》《印度的管理》《东印度问题》《不列颠在印度统治的未来结果》《英国—波斯战争》《对波斯的战争》《英国—波斯战争的前景》《与波斯签订的条约》《恩格斯致马克思（1851 年 5 月 23 日）》《马克思致恩格斯（1853 年 6 月 2 日）》《恩格斯致马克思（1853 年 6 月 6 日）》等等，都是马克思恩格斯针对亚洲民族主义运动所写的重要论著和书信。在这些论著和书信中，马克思恩格斯一方面强调了英法等国的殖民统治对中印等亚洲国家的辩证影响，既揭露出英法俄等国的残暴侵略行径，又肯定了殖民主义在一定程度上的积极作用；另一方面充分肯定了亚洲民族主义运动的意义和作用，既明确了中国的太平天国运动和1857—1859 年印度民族大起义的正义性，又阐明了亚洲民族主义运动与欧洲革命的辩证关系。

强调了英法等国的殖民统治对中印等亚洲国家的辩证影响。第一，揭露了英法俄等国在中印等亚洲国家的残暴侵略行径。马克思说："当我们把目光从资产阶级文明的故乡转向殖民地的时候，资产阶级文明的极端伪善和它的野蛮本性就赤裸裸地呈现在我们面前……"[①]为了掠夺资源和占有市场，西方列强把魔爪伸向了亚洲地区，地大物博的中国自然成为他们觊觎的对象。马克思恩格斯重点描述了英国的对华鸦片输入这一罪恶行径，因为在马克思和恩格斯看来，鸦片输入对中国造成的影响是毁灭性的，不仅在经济上造成中国白银的不断外流，致使清政府银源几近枯竭，而且在政治上造成行贿受贿的猖獗，"外国人经常贿赂下级官吏而使中国政府失去在商品进出口方面的合法收入……"[②]，致使国家行政机关日益腐化。同时还麻痹了人们的意志，拖垮了人们的身体甚至使很多人丧失了生命，"非法的鸦片贸易年年靠摧残人命和败坏道德来填满英国国库"[③]。不仅如此，他们还到处横行霸道，烧、杀、抢、掠无恶不作，视中国人民的生命如草芥。在《英人在华的残暴行动》《印度起义》等文中，马克思对此做了具体描述："广州城的无辜居民和安居乐业的商人惨遭屠杀，他们的住宅被炮火夷为平地，人权横遭侵犯……"[④]"……强奸妇女，枪挑儿童，焚烧整个整个的村庄，完全是卑劣的寻欢作乐……"[⑤]。但可气的是，在活生生的事实面前，英国侵略者还用"中国人的挑衅行为危及英国人的生命和财产""中国人违背条约义

①马克思恩格斯文集：第 2 卷[M].北京：人民出版社，2009：690.
②马克思恩格斯文集：第 2 卷[M].北京：人民出版社，2009：621.
③马克思恩格斯文集：第 2 卷[M].北京：人民出版社，2009：621.
④马克思恩格斯文集：第 2 卷[M].北京：人民出版社，2009：620.
⑤马克思恩格斯全集：第 16 卷[M].北京：人民出版社，2007：335.

务”“中国人侮辱英国的国旗”等无中生有的借口和谎言来粉饰和掩盖他们的罪行，蒙蔽本国民众，欺骗世界人民。马克思恩格斯强烈予以谴责，并指出有关暴行的记录者实际上正是英国本国的军官，而并非中国人自己，所以真实性自是毋庸置疑。至于沙俄这个“要把亚洲一口吞下的巨人”，马克思和恩格斯指出，相比于英法，沙俄没有花费一分一厘，没有动用一兵一卒，但却得到了不少于其他国家的好处，原因就在于它享有在北京派驻使节的特权，这为它侵略中国提供了极大便利。而且沙俄总是在战争中扮演中立者、调停者的角色，事实上却乘机瓜分和占领中国的广大地区。粗略统计，沙俄从中国至少占去 144 万平方公里的土地。对于沙俄这种狡黠的外交伎俩，马克思和恩格斯提醒人们要清醒认识，透过现象看到沙俄谋利的实质。除对列强在中国所犯罪行的控诉外，马克思和恩格斯也对列强在印度的侵略行径做了浓墨重彩的描述。在《不列颠在印度的统治》等文中，马克思和恩格斯指出，综观印度的历史就是一次又一次被征服片段的拼接，而在这众多的征服史中，不列颠给印度带来的灾难则更为深重，因为英国摧毁了印度社会的整个结构。具体而言，在经济上表现为受公共工程部门不作为甚或缺失的影响，农业逐渐衰败下去；曾是印度优势产业的棉纺织业，在英国的限制下走向惨淡，“英国起先是把印度的棉织品挤出了欧洲市场，然后是向印度斯坦输入棉纱，最后就使英国棉织品泛滥于这个棉织品的故乡”[①]。在政治上不列颠人接收了印度的政府部门——财政部门和战争部门，掌握了控

①马克思恩格斯文集：第 2 卷[M].北京：人民出版社，2009：680—681.

制权。除此之外，加上名目繁多的苛捐杂税，人民苦不堪言，到处一派生灵涂炭的景象。

第二，肯定了殖民主义在一定程度上的积极作用。马克思和恩格斯指出，无论是过去的中国，还是过去的印度，都处于保守、愚昧、落后的状态。正是英法等国的殖民侵略，敲开了中印尘封已久的大门，给它们带来了一线生机，促使“天朝帝国万世长存的迷信破了产，野蛮的、闭关自守的、与文明世界隔绝的状态被打破，开始同外界发生联系”①；促使印度的“专制、迷信”发生动摇，“有损尊严的、停滞不前的、单调苟安的生活”开始改变；促使人们开始重新思考自身与自然之间的主客关系。而且，不列颠人在印度修筑铁路，并打算用铁路网覆盖整个印度，这将在客观上改善印度的交通状况，既有助于加强人们之间的沟通与交流，也将促进印度工农业生产的发展。但马克思恩格斯也强调，殖民主义所造成的积极影响是一种不自觉的结果，英法等殖民侵略者实际上根本无心使资本主义在中印等国得到真正发展，“英国资产阶级将被迫在印度实行的一切，既不会使人民群众得到解放，也不会根本改善他们的社会状况”②。而要想使欧美列强在殖民地半殖民地播下的“新的社会因素”的种子真正发挥作用，结出丰硕果实，只有在工业无产阶级推翻本国的统治阶级之后、在殖民地人民彻底摆脱列强的统治枷锁之后才能得以实现。因此，需要各民族奋起反抗。

①马克思恩格斯文集:第 2 卷[M].北京:人民出版社,2009:608.

②马克思恩格斯文集:第 2 卷[M].北京:人民出版社,2009:689.

充分肯定了亚洲民族主义运动的意义和作用。第一，明确了中国的太平天国运动和 1857—1859 年印度民族大起义的正义性。马克思和恩格斯指出，太平天国运动的直接推动力是英国的大炮，是基于对英国政府海盗政策的抗议。因此，那些斥责中国人在采取残暴行为的言论和报纸都是一派胡言。在《波斯和中国》一文中恩格斯就明确指出："这是'保卫社稷和家园'的战争，这是一场维护中华民族生存的人民战争"[①]，充分肯定了太平天国运动的正义性。至于印度的民族大起义，马克思和恩格斯指出，它同样是对英国残暴统治的集中爆发，从而回击了英国殖民者叫嚣印度起义是军事叛乱活动的荒谬言论，明确强调这就是民族起义。马克思和恩格斯还告诫大家："人类历史上存在着某种类似报应的东西。历史上报应的规律就是，锻造报应的工具的，并不是被压迫者，而是压迫者自己。"[②]中印等反抗力量的出现是必然的，是英国的殖民统治一手造成的，英国殖民当局所面临的和将要面临的一切后果都是咎由自取。也就是说，马克思恩格斯希望人们能够平等、和平地相处，不要抱任何侵略他国以求永世安康的侥幸心理。同时，马克思和恩格斯也表达了对中国和印度未来发展的信心，他们在《波斯和中国》以及《不列颠在印度统治的未来结果》两文中谈道，在或迟或早的时间里，中国一定会绽放出"新纪元的曙光"[③]，而印度也定将得以重建。

---

①马克思恩格斯文集：第 2 卷[M].北京：人民出版社，2009：626.

②马克思恩格斯全集：第 16 卷[M].北京：人民出版社，2007：334.

③马克思恩格斯文集：第 2 卷[M].北京：人民出版社，2009：628.

第二，阐明了亚洲民族主义运动与欧洲革命的辩证关系。民族主义的最初发源地是西欧，并首先在欧美地区扩展开来，因此马克思和恩格斯对革命事业的关注自然首先集中在欧洲。且更为重要的是，受生产力发展水平的影响，在英、法等国出现了最早的工业无产阶级，并最先爆发了工人运动——法国里昂工人运动、英国的宪章运动、德意志西里西亚织工运动，欧洲成为无产阶级革命的先头阵地。马克思和恩格斯对欧洲的无产阶级革命事业寄予厚望，既给予理论上的指导，又亲自投身到革命洪流之中，且根据当时经济、政治发展状况得出社会主义革命只有在西欧、北美几个最主要的资本主义国家"同时发生"，才能够取得胜利的论断。1848 年至 1849 年，法国、德意志、奥地利、意大利、匈牙利等欧洲国家的资产阶级发动的民主民族革命，掀起了欧洲革命运动的高潮，进一步推动了革命事业的发展。但随着革命的最终失败，欧洲的民族运动和无产阶级革命逐渐转入低潮。这时，亚非拉地区的民族主义运动使马克思和恩格斯感到眼前一亮，在对革命态势的研究分析中，他们深感亚洲革命力量的巨大，从而提出了亚洲革命反转影响欧洲革命，是欧洲革命的重要同盟军的理论。马克思和恩格斯分析道，中印等国在宗主国经济发展中扮演着重要的角色，既为宗主国提供了生产规模继续扩大所需的原材料，又为产品的销售提供了广阔市场。因此，一旦中印等国出现起义革命引发原料供应或产品销售受阻，抑或起义革命取得成功使宗主国完全丧失某一市场的情况，那么势必促发经济危机的最快到来。为了使论证更有力，马克思还专门对中国的茶叶、谷物等产品的市场情况进行了介绍和分析，从而得出“中国革命将把火星抛到现今工业体系这个火药装得足而又足的地雷上，把酝酿已久的普遍危机引爆，这个普遍危机一扩展到国外，紧接而来的将是欧洲大陆的政治革命”①的重要论断。同时，马克思恩格斯指出，亚洲民族主义运动的开展势必要消耗英法俄等列强的人力、物力、财力，这就在一定程度上牵制了敌人的力量，自然有助于西方的无产阶级革命运动。加之亚洲民族主义运动的开展对其他殖民地半殖民地也起到了鼓舞、号召作用，有助于革命队伍的扩充壮大，客观上促进了欧洲革命运动的发展。

三、马克思恩格斯对民族自决权的认可

民族自决是民族主义的基本主张。民族自决权最初是资产阶级反对封建主义、谋求民族独立、统一，建立民族国家的有力武器。马克思恩格斯对这一主张表示认可，并明确赋予波兰、爱尔兰等被压迫民族以民族自决权。

（一）民族自决权的缘起

民族自决观念与“天赋人权”“人民主权学说”等启蒙思想息息相关，甚至可以说，“整个启蒙运动都是以自决为主题”②。早在16世纪，马基雅维利基于对意大利民族独立统一权利的认知，在其《君主论》一书中即明确呼吁：“将意大利

①马克思恩格斯文集：第2卷［M］.北京：人民出版社，2009：612.

②张友国.民族自决的两难困境及其解决［J］.首都师范大学学报（社会科学版），2009（5）.

从蛮族手中解放出来”。17 世纪荷兰的格劳秀斯从国际法的角度主张各主权国家之间天然平等的权利，他认为，“所谓主权就是说它的行为不受另外一个权力的限制……”[①]。同时期英国的洛克则强调人民是否同意是判定政府是否合理合法的基础。他指出，政府的权力是人民委托给它的，如果它违背了人民的委托，侵犯了人民的人身、自由、财产权利等，人民就有权运用革命的手段建立新的政府。到了 18 世纪，法国的卢梭、德国的康德则提出了更加丰富的自决思想。卢梭相信人的生而自由，但也指出现实存在的各种羁绊。他明确说道：“人是生而自由的，但却无往不在枷锁之中”[②]；他反对王权和贵族特权，要求尽可能实现平等；他强调主权的公意构成，主张主权的人民掌握。而康德强调道德法则与意志自由的一致性，要求人民对道德法则绝对遵从；他反对战争的一切痕迹，视永久和平为最高政治目标；他怀疑自由、平等、共和等的现实性，寄希望于一种道德自决；他强调了人的个人意志的“自治”和“自决”，认为不能决定自己目标和未来的人不是一个真正的人。[③]卢梭和康德的这些思想，一定程度上推动法国资产阶级大革命与美国独立战争的发生，实现了民族自决理论与实践的结合。1776 年美国的《独立宣言》首次对民族自决权做出明确表述：“在有关人类事务的发展过程中，当一个民族必须解除其和另一个民族之间的政治联系，并在世界各国之间依照自

①徐大同，高建.西方政治思想史[M].天津：天津教育出版社，2000：127.

②卢梭.社会契约论[M].北京：商务印书馆，1982：8.

③王希恩.当代西方民族理论的主要渊源[J].民族研究，2004(2).

然法则和上帝的意旨，接受独立和平等的地位……”“这些联合一致的殖民地从此是自由和独立的国家，并且按其权利也必须是自由和独立的国家，它们取消一切对英国王室效忠的义务，它们和大不列颠国家之间的一切政治关系从此全部断绝，而且必须断绝；作为自由独立的国家，它们完全有权宣战、缔和、结盟、通商和采取独立国家有权采取的一切行动”。此后，民族自决权作为资产阶级谋求民族独立、统一，建立民族国家的有力武器开始在欧洲广泛使用。

(二) 马克思恩格斯对民族自决权的认可

马克思和恩格斯第一次明确提出民族自决权是在第一国际1865年9月的伦敦代表会议上。此次会议共讨论了十项议程，其中第九项涉及民族问题，且主要是针对波兰民族问题的：“俄国佬对欧洲的威胁和恢复统一而独立的波兰”。实现波兰的统一和独立是马克思和恩格斯一直的主张或立场，因此马克思自然向总委员会建议：“必须在运用民族自决权原则的基础上，并通过在民主和社会主义基础上恢复波兰的办法，来消除俄国佬在欧洲的影响。”后在写给海尔曼·荣克的信及《乔治·豪威尔先生的国际工人协会史》一文中，马克思再次重申了上述观点。特别是在《乔治·豪威尔先生的国际工人协会史》一文中，马克思更直接使用“有幸”一词以表达自己的心情：“顺便说一下，我有幸替总委员会起草的议程有一条是这样写的……”[①]。总之，马克思始终认为应该赋予波兰以民族自决权。后来，针对波兰、爱尔兰问题，马克思和恩格斯又多

①马克思恩格斯全集：第25卷[M].北京：人民出版社，2001：320.

次论及民族自决原则。在《支持波兰》一文中恩格斯就明确指出，波兰应该争得独立，把本民族的命运掌握在自己手里。只有这样才能为本国内部的重新发展创造条件，才能作为一种独立的力量来促进欧洲的社会改造。而在 1867 年11 月 2日、11 月 30 日写给恩格斯的信中，马克思都提到了有关爱尔兰应该拥有民族自决权，即有从英国分离出去实现独立的权利的内容。

此外，在恩格斯晚年写给俄国革命家维·伊·查苏里奇、奥古斯特·倍倍尔以及捷克社会民主党的信中，也都提到了民族自决原则："照我看来，有关的居民应当自己决定自己的命运——完全像亚尔萨斯人应当自己在德国和法国之间进行选择一样"[①]；"使北什列斯维希的居民和亚尔萨斯-洛林的居民有可能自由决定自己的国家归属问题"[②]；"你们（笔者注：捷克人）当中那些力求获得自决权的人是正确的；他们的意图是很自然的，对此我们应该赞同"。[③]这就是说，到恩格斯晚年时，他对民族自决权适用对象的认识已超出波兰和爱尔兰两个民族，而扩展到亚尔萨斯人、北什列斯维希人、捷克等其他民族身上了。

由上述内容可以看出，在马克思和恩格斯那里，民族自决权就是各民族自己决定自己命运的权利。马克思和恩格斯对民族自决权的论述对列宁产生了重要影响。列宁在继承马

①马克思恩格斯全集：第 37 卷[M].北京：人民出版社，1971：371.

②马克思恩格斯全集：第 38 卷[M].北京：人民出版社，1972：185.

③马克思恩格斯全集：第 50 卷[M].北京：人民出版社，1985：396.

克思和恩格斯观点的基础上，丰富和发展了民族自决权思想。后面会具体论及。

第二节　列宁对民族主义的分析

相比于马克思和恩格斯，列宁对民族主义的论述则更为丰富和集中，这与列宁当时所处历史环境不无关系。一方面，19 世纪末 20 世纪初，基于经济和政治上的种种原因，俄国国内各种形式的民族主义开始滋生蔓延，既有沙皇君主制的粗暴好战的和黑帮派的民族主义，也有自由资产阶级的民族主义（表现为大俄罗斯的、乌克兰的、波兰的、格鲁吉亚的、亚美尼亚的等等），还包括社会民主党内部（崩得、高加索社会民主党人、取消派等）破坏党纲的民族主义等等。这些民族主义对布尔什维克党的革命事业、对俄国国内各民族的生存与发展造成很恶劣的影响，所以列宁集中对这些形式的民族主义进行了分析和批判。另一方面，进入帝国主义阶段后，新老殖民主义的争夺战争与殖民地反帝民族主义运动交错杂织，表现出一些新的特点和产生了一些新的问题，且与无产阶级革命事业的联系越发紧密，自然引起了列宁对民族主义运动的更大关注，列宁还就此开创了有关民族和殖民地问题的严整学说。除此之外，列宁还肩负着与第二国际内部修正主义进行斗争以正马克思主义之名的任务，在这场斗争中也涉及了民族主义的问题。

一、列宁对崩得"联邦制建党"原则的极力反对

自 1898 年 3 月俄国社会民主工党[①]宣布成立之日起，有关无产阶级政党组织原则的论战就拉开了序幕，其中尤以崩得分子的叫嚣为甚。崩得分子提出应该实行"联邦制"，即按民族特征建党。列宁对此予以明确反对："那种荒谬的联邦制我们绝对不能接受，而且永远也不会接受"[②]。列宁指出："联邦制在理论上只能用民族主义思想来进行论证"，[③]"……是民族主义可悲地渗入崩得的社会民主主义运动的结果"[④]，从而揭露了崩得分子观点的民族主义实质。

针对崩得分子在建党原则上的错误立场和观点，列宁撰写了《论崩得的声明》（1903）、《犹太无产阶级是否需要"独立的政党"》《给格·马·克尔日札诺夫斯基》《我们纲领中的民族问题》《俄国社会民主工党第二次代表大会》《崩得民族主义的顶峰》《最高的厚颜无耻和最低的逻辑推理》《崩得在

---

①俄国社会民主工党是俄国无产阶级政党的最初名称，成立于 1898 年 3 月。1898 年以前俄国出现了包括彼得堡、莫斯科、基辅、叶卡特林诺斯拉夫等在内的好几个民主主义的革命组织，俗称"斗争协会"。18 世纪 90 年代有马克思主义分子从波兰民族主义党中分化出来，成立了波兰和立陶宛社会民主党。18 世纪 90 年代末期有几个拉脱维亚社会民主党人组织也成立起来。1897 年 10 月，在俄国西部的州和区成立了立陶宛、波兰和俄罗斯犹太工人总联盟，简称"崩得"，崩得是俄文译文，意即联盟。1898 年 3 月俄国的民主主义者初次尝试将这些分散的组织统一起来，于是在白俄罗斯的明斯克城召开了俄国社会民主工党第一次代表大会。大会只有 9 个代表出席，列宁因流放西伯利亚没有参加这次会议。在这次会议上，崩得分子就提出按联邦制原则建党的建议。

②列宁全集：第 44 卷[M].北京：人民出版社，1990：342.

③列宁全集：第 8 卷[M].北京：人民出版社，1986：27.

④列宁全集：第 7 卷[M].北京：人民出版社，1986：283.

党内的地位》《告犹太工人书》《俄国的分离主义者与奥国的分离主义者》《民族问题提纲》《关于民族问题的报告提纲》《致卡·胡斯曼》《“八月代表会议”的空架子被戳穿了》《给印涅萨·阿尔曼德（1914 年 4 月 1 日）》等多篇文章及书信与其展开论战，以此来宣传和捍卫民主集中制建党原则。

指明了“联邦制”建党原则的危害及实行民主集中制的必要性。崩得分子提出的“联邦制建党”原则具体来讲就是根据民族特征划分出不同的派别，几个派别组成党的一个部分，和党的其他部分的一些派别分开，然后这些由不同派别凑成的党的各个部分联合在一起，并通过自愿订立的协议来维持彼此之间的关系。列宁认为，这样的划分和组合势必使不同民族的无产者之间的界限更加明显，不仅不利于消除反而更加重了专制制度压迫下造成的各族工人阶级之间的隔阂。因此，全党一旦通过按联邦制原则建党这一提议，就等于把工人之间的这种隔阂状态固定了下来，等于确认了这一反专制制度斗争中“最大的祸害、最严重的障碍”的合法化。列宁告诫大家，没有完全的统一就无法识别和破除沙皇专制制度在被压迫民族中间散布敌视、不信任和仇恨的罪恶意图，无法对专制制度进行总攻击，也无法战胜日益紧密团结的国际资产阶级。而且，仅就犹太人问题而言，若想消除其他民族对犹太人的仇视，既需要犹太无产阶级和非犹太无产阶级团结起来，共同与反犹太主义展开斗争，更需要加强犹太人与其他民族的交流与合作，实现全体居民的融合。而只有按照民主集中制原则组织党，才能实现各民族无产者的紧密团结和统一，才能真正解决上述各种问题。

严厉驳斥了崩得“应当成为党的联邦部分”的三个论据。有关此内容集中于列宁所著《崩得在党内的地位》一文中。崩得分子为了使自己的“按联邦制原则建党”的主张能够立得住脚、显得有说服力，特意提出三个论据来予以证明：论据一：“自治制是有内在矛盾的，从党的各部分紧密团结的角度看来，是不适宜的。”1898 年召开了俄国社会民主工党第一次代表大会，列宁因被流放而未能参加。这次大会所作决议中宣布崩得作为一个自治团体加入俄国党，并承认崩得在与犹太人有关的专门问题上可以独立行动。就大会的这一决议崩得分子并不满意，他们认为自治制难以保证党的各部分的平等，会使他们受到中央的琐碎干预甚至会使他们变得完全无权。对此列宁回应说，允许崩得实行自治已经是对其最大限度的让步了。至于所谓干预甚或无权之说，纯粹是无稽之谈，是对组织不信任的典型表现。实际上就党中央与地方党组织之间的关系而言，党中央只起统揽全局的作用，负责制定共同的、基本的纲领政策。至于具体的贯彻执行方式，则由地方党组织根据地区、种族、民族、文化等差异来自行做出决定。当然，地方党组织应该履行其服从中央的义务。列宁强调，崩得分子之所以会提出“在专门涉及犹太无产阶级的特殊问题上，它作为崩得出现，在有关党纲的一般问题上，它就丧失了独立性而和其他社会民主党党员变得一样”这样的质疑，就是因为他们根本没有理解党中央与地方党组织之间的职权划分关系，没有理解社会民主党的共同要求与特殊要求之间的关系，不懂得党纲的每一条对全体无产阶级来讲实际上都是一样的，只是在具体的执行过程中会根据无产者的职业、语言、生活条件等不同特点而分成一些特殊问题。论据二："历史推出崩得作为犹太无产阶级的唯一代表。"崩得分子指出，在1898—1903年这段历史时期里，除崩得以外的其他组织在有关犹太无产阶级的工作方面几乎没有做出什么成绩，所以这些组织的作用应该忽略不计。不仅于此，崩得分子还进一步强调，在这个时期他们没有依赖其他任何党组织但却保持了独立的生存和发展，自身地位和作用已然得到了凸显，自然应该作为犹太无产阶级的唯一代表身份出现。列宁反驳道，其他组织之所以没有做出什么成绩，并非他们不作为，而是因为崩得叫嚣不经过崩得的同意，其他组织根本无权对犹太无产阶级发布任何号召和指令，这自然阻碍了其他组织在犹太无产阶级中展开工作。至于崩得的所谓独立发展史，只能证明其分离、隔阂倾向，不仅不能得到支持，反而要坚决反对直至彻底剔除。论据三："犹太无产阶级是占有特殊地位的犹太民族的一部分。"崩得分子认为犹太民族不仅依然存在，而且相对于其他民族有其特殊性。列宁把崩得分子的这种特殊犹太民族思想划归为"锡安主义"思想，从而揭露了其虚伪性和反动性。锡安主义即犹太复国主义，主张散居于世界各地的犹太人团结起来，作为统一的民族重新回到巴勒斯坦建立属于本民族的国家。但事实上，从中世纪以来，经过漫长的历史变迁，犹太人早已分散于世界各地，并逐渐融入了当地的政治、经济、文化生活中，被当地的民族所同化，他们丧失了构成民族的基本要素：地域和语言。因此，犹太民族已经不存在了，硬性地拆分并重新组合成一个统一的民族，不仅有悖历史，而且会在犹太无产阶级中间造成一种敌视同化的情绪，会加深犹太人与其他民族之间的矛盾与隔阂。

表达了对崩得分子脱离党的行为的强烈不满。在1903年召开的俄国社会民主工党第二次代表大会上，“崩得在党内的地位问题”作为第一位的议题被提了出来。在这次会议上崩得分子依旧坚持它在第一次代表大会上所持立场，建议按联邦制原则建党。以列宁为首的火星派对此明确表示反对：“联邦制原则是有害的，应用于俄国当前的实际是同社会民主党的原则相抵触的。”[①]经过一番激烈辩论，大会最终确认遵照以1898年党章为基础的组织原则，强调崩得还是作为党的一个组成部分而存在，决不允许有任何所谓联邦制关系在党内出现，重申了按民主集中制建党的无产阶级政党组织原则。崩得分子对大会决议极为不满，故选择退出了俄国社会民主工党。列宁谴责了崩得分子脱离党的行为，指出这是“对工人运动危害极深的分离主义的表现”，是“一种极严重的政治错误”，要求全党都要引以为戒，并通过撰文、草拟决议等方式进一步加大对联邦制建党原则的反对力度。1906年俄国社会民主工党第四次代表大会正式把民主集中制原则列入党章，从而彻底摈弃了崩得提出的联邦制建党原则。

十月革命后，与俄罗斯苏维埃社会主义联邦共和国建立起契约关系的乌克兰、白俄罗斯、立陶宛等国的民族共产党相继成立，这时有关联邦制国家关系下党的组织原则问题成为人们的新议题。列宁领导下的俄共（布）第八次代表大会对此做出及时回应，明确宣布必须建立一个统一的集中的共产党和能领

①列宁全集：第7卷[M].北京：人民出版社，1986：248.

导党的全部日常工作的统一的中央委员会；规定乌克兰、白俄罗斯、立陶宛等各民族共产党无条件履行俄国共产党及其领导机构的一切决议；指出各民族共和国所属中央委员会享有区域委员会的权力，并服从俄共（布）中央委员会的领导。列宁等与会代表强调，由国家关系上的联邦制并不能得出党的组织原则上的联邦制，二者不能混同。

二、列宁对联邦制国家结构形式的认知

民族国家可以说与近代民族主义相伴而生，是近代民族主义发展孕育出来的政治组织形式。因此民族国家的建构问题自然成为民族主义的一个重要内容。

列宁对民族国家的建构问题同样关注，《论亚美尼亚社会民主党人联盟的宣言》《单独的札记》《拉脱维亚边疆区社会民主党第四次代表大会纲领草案》《民族问题提纲》《关于民族问题的批评意见》《给斯·格·邵武勉的信》《论俄国社会民主工党的民族纲领》《论民族自决权》《关于民族政策问题》《关于民族平等和保护少数民族权利的法律草案》《社会主义革命和民族自决权》《俄国社会民主工党（布）第七次全国代表会议（四月代表会议）》《修改党纲的材料》《国家与革命》等文中就包含了他在这一问题上的丰富见解。

明确反对联邦制国家结构形式，要求建立民主集中制共和国。在《国家与革命》一文中列宁谈道：“马克思同蒲鲁东和巴枯宁不同的地方，恰巧就在联邦制问题上（更不用说无产阶级专政的问题了）。联邦制在原则上是从无政府主义的小资产阶级观点产生出来的……只有对国家充满‘市侩’迷信的人

们，才会把消灭资产阶级国家机器看成是消灭集中制”。[①]列宁的这段话透露出几个信息：一是联邦制是资产阶级民族主义的观点；二是马克思反对联邦制国家结构形式，而主张建立民主集中制的国家。的确，翻阅马克思恩格斯的相关著作就可以发现，在马克思恩格斯那里，建立民主集中制的共和国是他们始终不变的主张和致力追求的目标。对此列宁深表赞同，“鼓吹联邦制和民族自治，不是无产阶级应做的事情”“我们无条件地拥护民主集中制”。列宁之所以反对联邦制、主张民主集中制，主要基于以下几方面的考虑：一是从资本主义自身来讲，资本主义经济的发展要求建立尽可能大尽可能集中的国家，以加强彼此之间的联系，方便生产和流通，而联邦制会削弱经济联系；二是民主集中制有利于无产阶级的团结，有利于无产阶级展开对敌斗争；三是中央集权制的大国是从中世纪的分散状态走向将来全世界社会主义统一的一个巨大的历史步骤，是走向社会主义的唯一道路；四是就自由的享有程度来讲，民主集中制共和国赋予人民的自由多于联邦制共和国。

主张实行地方自治和区域自治。面对资产阶级政论家和民族主义者总是把民主集中制与封建的中央集权制混同，散布民主集中制也会导致专制和官僚的错误言论，列宁强调，马克思主义者所主张的集中制是民主的集中制，而体现民主的方式就是既要求地方自治也要求区域自治，并保证每一个在经济上和生活上有较大特点以及居民中具有特殊民族成分

①列宁全集：第 31 卷[M].北京：人民出版社，1985：50.

等等的区域享有这种自治。列宁说，这种自治形式一旦广泛实行，既能促进资本积聚，又能促进生产力发展，还能促进无产阶级在全国范围内联合起来。至于自治形式和自治范围的确定问题，列宁指出，马克思主义者不能像崩得分子麦迭姆所说的那样，套用什么“大区域推行区域自治、小区域推行地方自治”的官僚主义死公式，而要综合民族成分、经济条件、生活条件等因素，由国家的中央议会在参考当地居民意见的基础上确定自治区域的边界和自治议会的管辖范围。在《关于民族平等和保护少数民族权利的法律草案》一文中，列宁还对自治区代表会议、地方自治机关等部门的权利和实现方式等做了具体规定。

强调联邦制只是达到真正的民主集中制的过渡性步骤。虽然列宁一直致力于建立一个民主集中制的共和国，但是十月革命后，面对国内许多民族实际上已然处于完全分离和彼此完全隔绝的现实状况，面对国际敌对势力对新生苏维埃政权的敌视和排斥，列宁不得不选择联邦制国家结构形式来统一各个分散民族以积聚力量。在《被剥削劳动人民权利宣言》中列宁第一次正式提出“俄罗斯苏维埃共和国是建立在自由民族的自由联盟基础上的各苏维埃民族共和国联邦”。[①]虽然受国际国内因素的影响，列宁最终接受了联邦制国家结构形式，主张建立苏维埃社会主义共和国联邦，但这并不代表他已改变自己对国家结构形式的认识初衷。事实上，在其1918年3月口授的《“苏维埃政权的当前任务”一文初稿》及1920年所写《民族和殖民

①列宁全集:第33卷[M].北京:人民出版社,1992:224.

地问题提纲初稿》等文中，列宁还依然主张民主集中制和实行自治，始终强调的是联邦制的过渡性作用，认为联邦制只是各族劳动者走向完全统一的过渡形式。

1922年12月30日，苏维埃社会主义共和国联盟宣告成立。但仅隔不到两年时间，列宁便与世长辞，统一多民族社会主义国家的建设任务随即落在了斯大林的肩上。但由于斯大林等人违背列宁强调的“各苏维埃共和国之间要保持自愿平等，各共和国实行民族自决，自由加入和退出联盟”的原则要求，采取行政压制的方式，强迫一些国家和民族并入联盟；对于一些提出异议、寻求权利或要求退出联盟的共和国进行严厉镇压；在权利分配上，架空加盟共和国所享有的独立行使经济、财政、司法、文化教育等方面的权利。一党专政、高度集权、个人崇拜迅速蔓延，从而最终导致统一联邦社会主义共和国建设的失败。即便如此，就像王希恩教授所言：“……这种尝试归于失败，但它本质上还是对民族主义‘一个民族，一个国家’原则的借助，是民族主义‘民族建设’历史实践的一个类型。”[①]它为其他社会主义国家的建设发展提供了重要借鉴。

三、列宁对民族自决权的系统分析

1903年俄国社会民主工党第二次代表大会召开，这次会议通过了由列宁起草的俄国社会民主工党党纲，其中第九条明

①王希恩.批判、借助和吸纳——马克思主义经典作家关于民族主义论述的再认识[J].民族研究,2007(5).

确规定："国内各民族有自决权"。该条款一经提出，就遭到俄国的机会主义者和民族主义者的不断挑衅、攻击，列宁即有言："俄国马克思主义者纲领中关于民族自决权的第9条，近来引起了机会主义者的大举进攻……机会主义对我们马克思主义纲领进行这种'十二个民族的侵犯'，无疑同现在的各种民族主义偏见有密切联系……"[①]因此，列宁强调："为了同一切形式的民族主义祸害进行斗争，宣传民族自决权的意义非常重大"[②]。于是列宁撰写了50多篇或提及或专述民族自决权问题的文章，包括《俄国社会民主工党纲领草案》《论"亚美尼亚社会民主党人联盟"的宣言》《我们纲领中的民族问题》《修改工人政党的土地纲领》《关于工人代表的某些发言问题》《关于杜马中的工人代表和他们的宣言问题》《单独的札记》《民族问题提纲》《关于民族问题的决议草稿》《论民族自决权》《革命的无产阶级和民族自决权》《社会主义革命和民族自决权》《关于自决问题的争论总结》《俄共（布）第八次代表大会》等。这些文章既有写于十月革命前的，也有写于十月革命后的，一起构成了系统的马克思主义民族自决权理论。

澄清了"民族自决权"一词的内涵。自俄国社会民主工党党纲明确提出民族自决权后，国际国内的许多人便对它做出这样或那样的解释。布尔什维克党的杰出活动家斯·格·邵武勉就提出"自决权不仅意味着分离权，而且还意味着成立联邦的权

①列宁选集：第2卷[M].北京：人民出版社，1995：369.

②列宁全集：第24卷[M].北京：人民出版社，1990：219.

利和自治权”的观点。对此列宁做出明确批判，认为邵武勉的观点纯粹是无稽之谈，是难以令人信服的。联邦、自治、自决是三个不同的概念，它们在马克思主义者那里有着不同的认识和影响。联邦是基于自愿原则的各民族建立起来的联盟，他们之间是平等的关系，没有谁赋予谁权利之说。而且从一般意义上来讲，马克思主义者向来反对联邦制，主张民主集中制。因此承认自决权，即承认建立联邦是荒谬的逻辑；所谓“自治权”更是违背马克思主义的基本思想。自治制是马克思主义者建立民主国家的计划，分离绝对不能被当作计划来看待，事实上马克思主义者绝不宣传分离。而且马克思主义者拥护的并非自治“权”，而是自治本身，将其作为处理民族问题的一项基本原则，主张采取地方自治和区域自治两种形式；而关于民族自决，“除了从政治自决，即从分离和成立独立国家的权利这个意义上解释以外，我们决不能做别的解释”①，因为马克思主义者在这一问题上坚持从民族运动的历史经济条件去研究，而非玩弄法律上的定义，不会杜撰什么抽象的概念。回顾全部国际民主史，民族自决最初是作为资产阶级反对封建专制和异族压迫的政治口号出现的。基于商品生产发展的需要，资产阶级必须占领国内市场，必须使操着同一语言的人所居住的地域以国家形式统一起来，而封建割据的局面阻碍了资本主义的发展，这就构成了民族运动兴起的经济动因。因此，建立最能满足现代资本主义发展要求的民族国家，自然成为最初民族运动的趋势或目标，也即民族自决的价值要求。到了 1917 年，为

①列宁全集：第 23 卷[M].北京：人民出版社，1990：329.

了避免自决概念被曲解和被帝国主义者利用（帝国主义者以“民族自决”作为他们掠夺、奴役甚至分化、颠覆其他民族和国家的借口、幌子），列宁在进行党纲修改时更直接将“民族自决权”一词改为“自由分离权”，从而更加明确了民族自决权的内涵之所在。

指出了坚持民族自决权的原因（必要性）。列宁强调，坚持民族自决权，在当前的历史条件下有着特殊的重要性。就整个世界形势而言，自19世纪末20世纪初资本主义进入帝国主义阶段后，整个世界就被划分为少数压迫民族和大多数被压迫民族。大国的（=压迫其他许多民族的）民族为了压迫另外一些弱小民族而展开帝国主义战争，致使这些弱小民族一片生灵涂炭，陷入深深的苦难当中。因此，必须赋予欧洲的一切被压迫民族和欧洲以外的一切被压迫民族，即一切殖民地人民以民族自决权，支持他们摆脱帝国主义的桎梏，建立独立的民族国家。列宁指出，在帝国主义战争中，谁如果不承认被压迫民族有获得解放的权利，有同压迫它们的大国分离的权利，谁就不能做一个民族的政治家；[①]谁如果不承认民族自决权，谁就不能为反帝的国际社会主义革命而斗争，谁就不能成为一个社会主义的政治家。同时列宁提到，必须同那些认为“民族自决权在帝国主义时代不能实现”的人做坚决的斗争。因为在资本主义制度下，劳动货币或经济危机的彻底消灭等是不能实现的，但民族自决属于政治民主要求的范畴，决不能断言在资本主义制度下民主要求也一定都不能实现。更不能以弱小民族在经济

①列宁全集：第26卷[M].北京：人民出版社，1988：293.

上依赖帝国主义大国就否定他们的政治独立权利，曾经的挪威从瑞典分离出去就是说明民族自决权在帝国主义条件下能够实现的最好例证。总之，列宁认为，宣扬民族自决权在帝国主义时代不能实现往往只会有利于帝国主义侵略者，这无异于是在扼杀一切反帝意念、行动来为帝国主义侵略服务。就俄国国内现状来看，除大俄罗斯人以外，其他各族人民大都遭受着沙皇君主制的难以置信的压迫。特别是边疆地区的被压迫民族，他们中一些住在国界那边的同族人，往往享有比他们更多的民族权利。因此，赋予他们民族自决权，支持并鼓励他们反抗沙皇君主的残暴统治是应有之义。而且，俄国邻近的亚洲各国正掀起轰轰烈烈的资产阶级革命和民族运动，部分已蔓延到住在俄国境内的那些同血统的民族中去了，这时承认民族自决权显得异乎迫切和适当，能够更好地调动起人们的革命积极性。

厘清了马克思主义者在民族自决权问题上的原则性要求和根本目的。列宁指出，马克思主义者在民族自决权问题上有着自己与资产阶级不同的原则和要求。首先，压迫民族的社会民主党人和被压迫民族的社会民主党人在民族自决权问题上有着不同的国际义务。作为压迫民族的社会民主党人必须承认和捍卫被压迫民族的自决权。否则，承认民族平等和工人的国际团结，实际上就只是一句空话、一种伪善，根本无法在被压迫民族的工人和压迫民族的工人之间建立起真正的信任和阶级友谊。更重要的是，压迫民族的社会民主党人不仅要承认受别国压迫的民族有自决权，而且必须承认受本国压迫的民族有自决权，这才是真正革命者的体现。像考茨基分子、王德威尔得、列诺得尔及英法等国的许多和平主义者，他们拥护民族自决权纯粹是口头上的和虚假的，对本国内部被压迫民族的自决权避而不谈，实质上沦为了社会沙文主义者，即帝国主义的走狗、帮凶。而且只要本国还在压迫着其他民族，本国自身的解放也就无从谈起；被压迫民族的社会民主党人则应当始终以实现各族工人的大联合作为其全部工作的中心。否则，就极易陷入资产阶级的各种诡计、背叛和欺骗中，造成无产阶级之间的猜忌甚至走向分裂。其次，决不能把民族有权分离的问题和某一民族在某个时期实行分离是否适当的问题混为一谈，抑或说无产阶级并非支持任何民族独立要求。因为，一方面任何民主要求都必须服从于无产阶级阶级斗争的总利益。当一个民族的独立要求与无产阶级的根本利益，与社会主义的生死存亡发生矛盾时，前者必须服从后者。有如在十月革命胜利后，在建立起苏维埃政权后，当面对帝国主义的包围夹击，如果一味去维护芬兰、乌克兰及其他几个民族被破坏了的自决权，那么苏维埃政权就必然会受到威胁。在这种情况下，保卫社会主义共和国的利益自然高于民族自决权的利益，也就不得不反对这些民族的分离要求。列宁正是这样做的。另一方面，在帝国主义为统治其他民族而竞争的时代，被压迫民族和国家的资产阶级为了维护和保全自身的利益，很可能与某个压迫民族和国家的资产阶级结成公开的或秘密的联盟。这时，所谓的被压迫民族的自决要求就是虚假的、反动的，必须加以反对。列宁强调，无论是压迫民族的社会民主党人还是被压迫民族的社会民主党人都要明白：马克思主义者要求民族有自决自由，并不是因为马克思主义者想实行分离或想建立小国。恰恰相反，马克思主义者是想建立大国，但他们希望的是在相互信任的基础上的自愿联合，承认分离权的目的即在于此。

驳斥了第二国际内部罗莎·卢森堡、布哈林、彼·基辅斯基等人在民族自决权问题上的一些错误言论。罗莎·卢森堡是第二国际左派领袖之一，是波兰社会民主党的创始人，曾为国际共产主义事业做出过突出贡献。但在民族自决权问题上她却出现了认识上的偏差，提出很多错误观点：一是认为在帝国主义时代再提民族自决权纯粹是“老生常谈”，因为翻阅现有西欧国家的纲领，里面根本没有提到民族自决的问题。对此列宁指出，卢森堡之所以会得出这样的论断，是因为她忽视了资产阶级民族民主革命早已完成的国家与尚未完成的国家之间的区别。西欧国家的资产阶级民族民主革命是从 1789 年开始，到1871 年结束的。在这个阶段过后，西欧基本上建立起了资产阶级民族国家体系，因此自然没有了民族自决的要求。而东欧和亚洲地区的资产阶级民族民主革命是从 1905 年才开始的，他们依然有着谋求民族独立和建立单一民族国家的诉求。列宁强调，看不到东欧和亚洲地区正兴起的资产阶级民族民主革命是不可原谅的行为。二是认为赞成民族分离就是赞成被压迫民族的资产阶级民族主义。列宁讲到，卢森堡这是一种“过犹不及”的做法，因为害怕帮助波兰民族主义资产阶级而反对俄国马克思主义者在纲领上规定分离权，事实上却助长了大俄罗斯黑帮民族主义的气焰。卢森堡没有看到，在当时的俄国，黑帮民族主义是最可怕的东西，是阻碍民主运动和无产阶级革命的主要障碍。而且更关键的是，她没有理解真正的马克思主义者在对待被压迫民族的资产阶级民族主义问题上必须坚持的辩证灵活的态度："在被压迫民族的资产阶级反对压迫民族这一点上，我们在任何时候、任何场合都加以支持，而且比任何人都更坚决，因为我们反对压迫是最大胆最彻底的。当被压迫民族的资产阶级极力主张自己的资产阶级民族主义时，我们就要反对。我们反对压迫民族的特权和暴力，同时丝毫也不纵容被压迫民族谋求特权。"[①]这就要求马克思主义者必须剥离出被压迫民族民族主义中民主主义的内容，把它与妄图使自己民族具有特殊地位的趋向严格区分开来，取其积极之处，去其消极糟粕。三是认为自决权在社会主义制度下是多余的，自决权不适用于社会主义社会。就此列宁从两方面做出论证，用以说明自决权同样适用于社会主义社会：一方面，承认各民族有分离自由是彻底铲除民族压迫的重要基础。在无产阶级战胜资产阶级，建立起社会主义之后，就会创造完全铲除民族压迫的可能。但要使这种可能变为现实，各方面都完全实行民主是根本的前提，而承认各民族有分离自由是完全民主化的重要表现形式之一。另一方面，承认各民族有分离自由是消除民族隔阂，增进民族之间的信任和团结的重要保障，这点在俄国表现得尤为突出。过去沙皇统治时期的俄国可谓是民族压迫的炼狱，列宁曾形象地比喻说，沙皇俄国打破了民族压迫的世界纪录。这样的历史境遇必然在大俄罗斯民族和各

① 列宁选集：第 2 卷[M].北京：人民出版社，1995：385—386.

非俄罗斯民族之间造成很深的隔阂。因此，要想消除过去被压迫民族心中遗留的仇恨和不信任，必须承认他们有分离的自由。只有这样才能在他们之间培养起信任感，才能加速民族的接近和融合。

布哈林，苏联著名的思想家、理论家、革命家和经济学家，曾参与并领导了俄国十月革命，并撰写过很多经济类著作。在民族自决权问题上，布哈林要求马克思主义者“不承认民族自决权，只承认各劳动阶级的自决权”。对此列宁指出，布哈林根本没有考虑到各民族内部分化的复杂和曲折，他所承认的实际上是除了俄国以外任何国家都没有达到的东西。就当时的历史情况而言，各民族尚处在从中世纪制度到资产阶级民主制或从资产阶级民主制到无产阶级民主制的道路上的不同阶段，各国的无产阶级都在循着各自独特的道路以实现与资产阶级的分离，所以不能马上提出“劳动者自决”的口号。列宁强调，马克思主义者的确追求实现各劳动阶级的自决，但必须实事求是，从客观实际出发，逐步来达到这一目标。

彼·基辅斯基（尤·皮达可夫）是第二国际内部左派“帝国主义经济主义”的典型代表。所谓“帝国主义经济主义”就是表现为受帝国主义战争的压制而不加区分地反对一切民主的各种言论和政治实践。在有关民族自决权的适用对象问题上，彼·基辅斯基认为自决权是工人党的口号，是针对工人阶级提出来的，而殖民地几乎没有工业无产阶级，向没有工人的国家提出民族自决权是荒唐可笑的行为。列宁对此表示反对。列宁提醒彼·基辅斯基注意，民族自决权的口号并不是只针对工人阶级提出来的，而是针对全体“人民”而言的，对压迫民族和被压迫民族都同样有效。实际上列宁在俄共（布）第八次代表大会上就曾对此有过明确论述：“一切民族都有自决权，……这个论断对于地球上绝大多数居民，对于十分之九也许百分之九十五的居民都适用”。[①]更重要的是，在当时反帝民族主义运动高涨之际否定殖民地人民有民族自决权无疑是极大的错误，等同于默许和支持帝国主义的侵略。

四、列宁对“民族文化自治”纲领的分析和批判

前已述及，自“承认国内各民族有民族自决权”作为俄国社会民主工党党纲的内容之一被提出后，就遭到各种各样的攻击，而“民族文化自治”纲领就是这众多攻击方式中的一种。有人企图用“民族文化自治”这一民族改良主义口号来代替民族自决权。所谓“民族文化自治”即超地域自治，就是不管属于某一民族的任何一个人居住在什么地方，首先通过登记的方式确认他们的民族成分，再编制民族名册把他们组成一个一个民族联盟，取得教育、出版、宗教等文化方面的自治权。这一机会主义的纲领或计划最早作为一个民族纲领草案出现在1899年奥国社会民主党布隆代表大会上，是由南方斯拉夫社会民主党提出的。该草案第二条写道：“居住在奥国的每一个民族，与其成员所居住的地域无关，组成一个自治团体，完全独立地管理本民族的（语言的和文化的）一切事务。”针对这一主张，参会人员普遍表示，一旦实行可能会加强教权主义，

①列宁全集：第36卷[M].北京：人民出版社，1985：145.

会使沙文主义永久地存在于每一个小团体、小集团中，因此没有一票表示赞成。但大会最终通过的纲领并没有完全消除上述主张的“印记”，纲领第三条规定：“属于同一民族的各自治区域共同组成单一的民族联盟，该联盟完全按照自治原则来处理本民族的事务”，明显可以看出其中的妥协意味。因为该规定中虽连一点超区域民族自治的影子也没有，但还是主张全国范围内属于同一民族的各民族区组成联盟，实行大的民族自治，其本质上还是民族自治的纲领。“民族文化自治”在奥国实际上并没有实现，反而使捷克分离主义者从党内分离出去，并最终造成奥国党的完全分裂。对于奥国的这段历史，崩得分子、高加索的取消派、俄国左倾民粹派等不但没有从中吸取教训、引以为戒，反而还纷纷表示认可和支持“民族文化自治”。一时间“民族文化自治”可谓“臭名远扬”（列宁语），在国际、国内无产阶级和劳动群众中造成很恶劣的影响。

为了遏止“民族文化自治”的蔓延，消除其在社会主义运动者中的不良影响，巩固民族自决这一革命原则，列宁撰写了《给列·波·加米涅夫》《拉脱维亚边疆地区社会民主党第四次代表大会纲领草案》《民族问题提纲》《尼康主教是怎样维护乌克兰人的》《1913 年有党的工作人员参加的俄国社会民主党中央委员会》《关于民族问题的决议草稿》《关于民族问题的批评意见》《论“民族文化”自治》《俄国学校中学生的民族成分》《论俄国社会民主工党的民族纲领》《再论按民族划分学校事业》《关于民族问题的报告提纲》《致卡·胡斯曼》《关于奥国和俄国民族纲领的历史》《编辑部对伟帖兰的〈民族问题和拉脱维亚的无产阶级〉一文的意见》《关于民族政策问题》《精致的民族主义对工人的腐蚀》《问题明确了》《俄国社会民主工党中央委员会在布鲁塞尔会议上的报告和给布鲁塞尔会议代表团的指示》《给伊·厄·格尔曼》《俄国社会民主工党（布）第七次全国代表会议（四月代表会议）》等数篇文章和书信，对“民族文化自治”纲领进行了分析和批判。

揭露了“民族文化自治”的实质和危害。列宁在《关于民族问题的批评意见》一文中谈道，把“文化自治”思想应用在民族问题上，无异于蒲鲁东思想应用在资本主义上，即在不触动资本主义制度的前提下对局部问题进行改造，去除所谓的“各种弊病和赘瘤”，其实质无疑是改良主义。列宁表示，这种改良主义思想明显与无产阶级的根本任务和目标相违背，必须反对任何把民族问题和政治问题分开，只争取文化权利的思想和做法。同时列宁强调，把分布在不同地区的人们按民族成分组成联盟，只会造成不同民族无产阶级的分裂，而使同一民族的无产阶级和资产阶级联合起来。这势必会模糊不同阶级之间的界限，削弱阶级斗争的锋芒，直接影响无产阶级革命事业的进程。除此之外，列宁进一步指出：“‘超地域的’（非地域的，同某一民族所居住的地域无关的）或‘民族文化的’自治计划付诸实施，只能意味着以民族划线分割教育事业，即分民族办教育事业”。[①]而“分民族办教育事业”，无论从一般的民主观点来看，还是从无产阶级阶级斗争的利益来看，都是危害极大的。资本主义经济的发展既需要也

①列宁选集：第2卷[M].北京：人民出版社，1995：349.

促使各民族之间的联系日益紧密，所以人为地划分民族界限，自然违背资本主义经济的发展要求。而且经济、政治、文化是相互关联相互影响的，企图使教育以及整个民族文化脱离经济和政治独立发展，那是不可能的。因此，谁坚持分民族办教育事业的原则，谁就不能成为民主主义者。至于就无产阶级阶级斗争而言，随着股份公司、跨国公司的发展壮大，出现了各民族资本家联合起来共同剥削工人阶级的现象，在这种情况下，各民族工人也只有团结起来才能战胜各民族资本家集团。分民族办教育事业只能加剧各民族工人之间的隔阂，损害无产阶级阶级斗争的利益。总之，在列宁看来，“民族文化自治”是最精致最有害的民族主义，它企图“在某种‘公正’划定的范围内巩固民族主义，‘确立’民族主义，借助于专门的国家机关牢固而长期地隔离一切民族”。①列宁强调，正因为这种“最精致”“最有害”的特点，所以必须更加坚决地反对“民族文化自治”。

分析了“民族文化自治”的理论基础——“民族文化”口号的虚假性。由于“民族文化自治”纲领是以“民族文化”这个口号为依据的，因此列宁认为，搞清楚“民族文化”在当时的真实内涵，揭露其“工具性作用”，对于马克思主义者具有重大的意义。列宁讲道，当民族还没有分裂为资产阶级和无产阶级时，“民族文化”的口号还可以作为向封建专制和教权主义进行斗争的统一而完整的口号。但当出现阶级斗争以后，每一个现代民族自然就分裂成两个民族，即剥削民族和被剥削民

①列宁选集：第2卷[M].北京：人民出版社，1995：348.

族。这时，再笼统地提“民族文化”这一口号，就成了为教权派或资产阶级的民族主义辩护。因为它更多体现的是占统治地位的地主、神甫、资产阶级的“文化”，已丧失了全民性。列宁告诫大家，“谁拥护民族文化的口号，谁就只能与民族主义市侩为伍，而不能与马克思主义者为伍。”[①]作为马克思主义者，应当拥护和主张各民族共同的文化[②]。所谓“各民族共同的文化”即每一个民族的文化中具有彻底的民主主义和社会主义内容的那一部分，它是由被剥削劳动群众的生活条件所决定的，体现了劳苦大众的意志和要求。同时列宁强调，各民族共同的文化并不是无民族的文化，它表现为一定的民族形式，通过一定的民族语言进行传播，“任何一个民主主义者，特别是任何一个马克思主义者，都不会否认语言平等，不会否认用母语同‘本民族的’资产阶级进行论战、向‘本民族的’农民和小市民宣传反教权派的思想或反资产阶级的思想的必要性”。[③]列宁的这些论述有力地回击了崩得分子李普曼主张的“弗·伊·对各民族共同的文化并不是没有民族形式的文化毫不知情”[④]的谬论。

重点批判了崩得分子拥护“民族文化自治”的卑劣行径。在众多拥护“民族文化自治”的机会主义分子中，列宁对崩得

①列宁选集：第 2 卷[M].北京：人民出版社，1995：337.

②在《列宁全集》中文第一版中此处为“民主主义的和全世界工人运动的国际文化”，相关研究也一直沿用这一译法。在《列宁选集》1995 年版中此处被重新翻译为“各民族共同的文化”。

③列宁选集：第 2 卷[M].北京：人民出版社，1995：337.

④参见列宁选集：第 2 卷[M].北京：人民出版社，1995：336.

分子进行了重点批判。这是因为，在俄国，在宣传鼓动中应用“民族文化自治”计划最多和首先应用这个计划的正是崩得分子。但具有戏剧性的是，“民族文化自治”方面最主要的理论家奥托·鲍威尔在其著作《民族问题和社会民主党》（该文全面论证了“民族文化自治”）中却指出，“民族文化自治”纲领并不适用于犹太人，因为犹太民族将随着资本主义的发展、随着生产力的进步而逐渐被同化，最终将不再作为一个民族而存在。一方积极提倡，一方明确否定，这种矛盾而又滑稽的表现，列宁认为正好证明了“民族文化自治”的荒谬，证明了崩得分子的荒唐：“历史用另一个国家的政治实践揭露了鲍威尔的荒谬杜撰，同样，俄罗斯的伯恩斯坦分子（司徒卢威、杜岗-巴拉诺夫斯基、别尔嘉耶夫之流）也用自己从马克思主义向自由主义的迅速演变的事实揭露了德国伯恩斯坦派的实际思想内容”，[①]“崩得分子仿效欧洲过时的计划，并且把欧洲的错误扩大了10倍，甚至使错误‘发展’到荒唐的地步”。[②]而面对被同化的命运，崩得分子并不甘心，他们对同化展开了进攻。崩得分子李普曼说，要求本国各族工人融合在统一的工人组织中的提法意味着要是有人问工人属于哪个民族时，工人就应该回答说：我是社会民主党人。列宁讲道，这种看似“俏皮”的话语事实上暴露出崩得分子不过是民族主义的市侩而已。任何真正的马克思主义者都不该否认这种由资本主义造成的民族同化过程所包含的打破民族壁垒、改变落后民族和国家

①列宁选集：第2卷[M].北京：人民出版社，1995：350—351.

②列宁全集：第24卷[M].北京：人民出版社，1990：183.

保守状态的巨大积极性。犹太的反动小市民反对同化，是逆历史潮流、违背人类历史发展规律的行为。当然，列宁也进一步强调，马克思主义者所主张的同化只是自然同化，而非靠暴力或特权进行的强制同化。

为了更好地驳斥“民族文化自治”论者的荒谬言论，列宁还提出了一些具体的政策原则，要求马克思主义者贯彻执行：实现民族和语言的真正而又完全的平等，否定义务国语；坚持各民族最紧密的联系，坚持各民族国家机关的统一、教育委员会的统一、教育政策的统一，坚持各族工人的统一；要求并制定关于民族平等和保护少数民族权利的法律法规。

五、列宁对民族殖民地民族主义运动的深刻认识

列宁关于民族殖民地民族主义运动的论述是在继承前述马克思恩格斯有关民族主义运动的理论观点的基础上，结合自身所处时代背景，即帝国主义时代的具体表现得出的理论学说。有关此内容集中于列宁所著的《社会主义国际的状况和任务》《俄国的休特古姆派》《打着别人的旗帜》《社会主义与战争》《革命无产阶级和民族自决权》《在伯尔尼国际群众大会上的演说》《致罕丽达·罗兰—霍尔斯特》《论尤尼乌斯的小册子》《几点纲要》《无产阶级革命的军事纲领》《在全俄东部各民族共产党组织第二次代表大会上的报告》《民族和殖民地问题提纲初稿》《俄共（布）第八次全国代表会议》《共产国际第二次代表大会》《全俄苏维埃第八次代表大会》《立宪会议选举和无产阶级专政》等多篇文章和书信中。

（一）列宁对帝国主义时代的时代特征、战争性质的界定

19 世纪末 20 世纪初，资本主义发展到帝国主义阶段。列宁指出，帝国主义意味着资本的发展超出了民族国家的范围，意味着民族压迫在新的历史基础上的扩大和加剧。进入帝国主义阶段的各国，为了抢占更多的原料产地、廉价劳动力和商品销售市场，攫取更多的垄断利润，通过资本输出和武装侵略等手段，疯狂展开对殖民地的争夺。因此，列宁指出，帝国主义时代最基本的特征是“全世界已经划分为两部分，一部分是为数众多的被压迫民族，另一部分是少数几个拥有巨量财富和强大军事实力的压迫民族。”[①]以第一次世界大战后世界人口的组成状况为据：在约十七亿五千万总人口中，有十二亿五千万多是被压迫民族，占了世界人口的 70%左右，而压迫民族还不到总人口的 15%。这就证明，帝国主义时代是一小撮“大”国压迫世界上大多数民族的时代；帝国主义成了全世界无产者和全世界被压迫民族共同的敌人。

帝国主义时代的这种时代特征，决定了帝国主义时代出现了双重矛盾：一方面是老牌殖民帝国英、法、俄等与新兴帝国德、日、美等之间的矛盾，新兴帝国强烈要求瓜分被老牌帝国占领的绝大部分殖民板块；另一方面是殖民地半殖民地人民与帝国主义之间的矛盾，帝国主义的侵略进一步加重了殖民地半殖民地人民的灾难，引起殖民地半殖民地人民的更大不满。因此，这一时期既存在着各帝国主义国家之间的战争，也存在着殖民地半殖民地人民反抗帝国主义的民族战

---

①列宁选集：第 4 卷［M］.北京：人民出版社，1995：275.

争。列宁强调，各帝国主义国家之间的战争是非正义的、反动的战争。战争的目的仅仅是为了扩大、加强对其他民族的压迫，为了重新划分各列强的权力、优势和特权，以使之更加“合理”，更加“适合”现在各国资产阶级的实力，从而更好地巩固他们在殖民地的统治地位。因此，这种帝国主义国家之间发生的战争必须坚决反对和予以打击。而殖民地半殖民地人民反抗帝国主义的战争则是正义的、革命的民族战争，应该给予支持，因为这是深处苦难的被压迫民族反压迫、求独立、盼平等的合理“呐喊”。

（二）列宁对社会民族主义者的批判

各帝国主义国家之间的战争是非正义的、反动的战争，而殖民地半殖民地人民反抗帝国主义的战争则是正义的、革命的民族战争，这本来应该是不言而喻的，但一些社会民主党人如波特利索夫、阿克雪里罗得、考茨基等却不这么认为。他们中有一部分人辩称，在交战的两个帝国主义国家中，非正义性、反动性只适用于其中一方，另一方则是出于“保卫祖国”“进行防御”，是正义的、合理的。还有一部分人则叫嚣，在帝国主义时代，不可能有民族战争。对于提出上述言论的人，列宁把他们统称为“社会民族主义者（社会沙文主义者）”。列宁指出，这些社会民族主义者（社会沙文主义者）实际上把问题弄混淆了。首先，他们搬出“保卫祖国”、进行“防御战争”之类的说法，事实上是用资本主义产生时期的理论观点来解释现在帝国主义时代的现象。在资本主义产生时期，资产阶级反对封建主义，建立民族国家的民族主义运动，具有历史的进步性。但现在，资产阶级旧“民主派”已经走向反动，他们全都站到原来反动封建主的位置上去了。他们发动战争的目的就是重新瓜分殖民地和压迫各异族，仅就这一目的而言根本没有谁好谁坏之分，都是需要反对的对象。社会民族主义者（社会沙文主义者）不顾历史的具体性，实际上不过是试图维护“本国”或不论任何国家的帝国主义资产阶级的侵略行径。其次，帝国主义时代民族战争不仅很有可能，而且是不可避免的、进步的、革命的。殖民战争就是民族战争，中国、波斯、印度等地正在发生的民族解放运动就是真实的写照。而且就算在欧洲，民族战争也有可能发生。例如那些被兼并或受压迫的小国反对帝国主义强国的民族战争等等。总之，“不可能再有民族战争”的论断，不仅在理论上是错误的，而且在实践上是有害的。它极易引出“废除武装”的荒谬宣传，也会导致对民族运动的漠视。而在当前，漠视民族运动就是沙文主义。在对社会民族主义者的观点做出驳斥之后，列宁不忘揭露社会民族主义者（社会沙文主义者）的实质。列宁说道，社会民族主义者(社会沙文主义者）是登峰造极的机会主义者，他们有着共同的经济基础，即人数很少的特权工人阶层和小资产阶级的利益；他们有着共同的思想政治内容，即用阶级合作代替阶级斗争，放弃革命的斗争手段，帮助“自己的”政府摆脱困境，而不是利用它的困难推进革命①。总之，列宁强调，社会民族主义者(社会沙文主义者)是打着社会主义旗号的帝国主义者，他们为了能从掠夺中分得一点油水，放弃了革命，成了本国对外侵略的帮凶。因此，

①列宁选集：第2卷[M].北京：人民出版社，1995：521.

同大国民族的社会民族主义（社会沙文主义）进行斗争，应该成为社会民主党的主要任务之一。

（三）列宁对被压迫民族民族主义运动的高度评价

19 世纪末特别是 20 世纪初，印度、波斯、越南、朝鲜、土耳其、中国、印尼相继爆发了民族运动，标志着亚洲被压迫民族的觉醒。列宁对此感到非常兴奋："几万万受压制的、由于处于中世纪的停滞状态而变得粗野的人民觉醒过来了，他们走向新的生活，为争取人的起码权利、为争取民主而斗争"①。列宁指出，亚洲的觉醒是世界革命风暴的"新的发源地"，"当机会主义者还在对'社会和平'赞不绝口，还在对实行'民主制'可以避免风暴赞不绝口的时候，极大的世界风暴的新的发源地已在亚洲出现。"②因为亚洲被压迫民族反抗帝国主义侵略的斗争，既给帝国主义以沉重打击，又能鼓舞欧洲无产阶级的革命士气，亚洲革命正在"反转影响"欧洲革命。列宁强调，在这种情况下，欧洲无产阶级应该做的就是与亚洲被压迫民族联合起来，从东西两条战线对帝国主义进行猛烈夹击，直至取得最后的胜利。

除此之外，非洲、拉美等地也在进行着革命的民族主义运动，列宁同样对他们不屈不挠、争取独立和解放的反抗精神给予了极大的肯定。总之，面对占世界人口绝大多数的被压迫民族的民族主义运动，列宁反复强调，被压迫民族的民族主义运动有助于牵制和削弱帝国主义的力量，有助于加剧和扩大资本

①列宁专题文集：论资本主义[M].北京：人民出版社，2009：80.

②列宁选集：第 2 卷[M].北京：人民出版社，1995：307.

主义世界的经济危机。被压迫民族的民族主义运动是反帝斗争中的一个独立因素，是帮助社会主义无产阶级登上历史舞台的强力催化剂。任何不懂得利用被压迫民族民族主义运动的人，都不是好的革命家。

特别是在十月革命胜利之后，一方面基于巩固新生的苏维埃政权，另一方面寄希望于社会主义阵营能不断壮大，同时也因为欧洲无产阶级革命开始低落，而被压迫民族民族主义运动却方兴未艾的社会现实，列宁更为肯定被压迫民族的民族主义运动的巨大作用。他讲道，被压迫民族的民族主义运动所起的革命作用，也许比人们所希望的要大得多。列宁要大家明白，没有各被压迫民族劳动群众的援助，首先是东方各民族劳动群众的援助，无产阶级革命事业就不能取得胜利。在1923 年所写的《宁肯少些，但要好些》一文中，列宁更是明确提出："斗争的结局归根到底取决于如下这一点：俄国、印度、中国等等构成世界人口的绝大多数。正是这个人口的大多数，最近几年来非常迅速地卷入了争取自身解放的斗争，所以在这个意义上说，世界斗争的最终解决将会如何，是不可能有丝毫怀疑的。在这个意义上说，社会主义的最终胜利是完全和绝对有保证的。"①这就是说，在列宁看来，世界斗争的胜败最终取决于占人口绝大多数的被压迫民族的革命斗争的胜败，足可见列宁对被压迫民族民族主义运动的重视程度。

---

①列宁选集：第 4 卷[M].北京：人民出版社，1995：796.

(四) 列宁为被压迫民族民族主义运动制定的策略主张

正是基于民族殖民地民族主义运动的巨大历史作用和意义，以列宁为代表的共产国际号召全世界无产者和被压迫民族联合起来，共同反对帝国主义的统治，并为被压迫民族的民族主义运动制定了一系列策略主张，以指导民族主义运动的更好展开。有关方面的主要观点在列宁所著的《民族和殖民地问题提纲初稿》《民族和殖民地问题委员会的报告》《共产国际第二次代表大会》等文中得到集中反映。

列宁强调，坚持无产阶级在革命和建设事业中的领导权有着异乎寻常的重要性。因为只有无产阶级才是最进步、最彻底的革命者；只有无产阶级才能真正代表广大人民群众的根本利益。而民族资产阶级之所以不能成为资产阶级民主革命的领导者，根本原因就在于其具有两面性：一方面支持反抗帝国主义、封建主义的斗争，另一方面又同帝国主义资产阶级妥协，同他们一起反对革命运动和革命阶级。在《论面目全非的马克思主义和帝国主义经济主义》一文中列宁就明确指出，在多数场合，被压迫民族的资产阶级只是空谈民族主义运动，实际上却与压迫民族的资产阶级暗中勾结起来，从背后反对本国人民。资产阶级的这种动摇性、不彻底性注定其无法承载革命的重任。但也正基于此，列宁要求无产阶级在牢牢掌握领导权的基础上，采取既联合又斗争的灵活机动方式处理与民族资产阶级之间的关系。既同民族资产阶级结成临时联盟，共同反对帝国主义，但坚决不能同他们融为一体，要绝对保持无产阶级运动的独立性，即使这一运动还处在最初的萌芽状态也毫不动摇。

同时，列宁认为，殖民地半殖民地国家无产阶级实现革命领导权的中心问题是农民问题，处理好与农民之间的关系也是重中之重的任务。在大部分殖民地半殖民地国家，资本主义前的关系还占统治地位，因此几乎没有工业无产阶级，也谈不上纯粹的无产阶级革命运动，农民是主要的革命力量，农民运动是主要的革命形式。在这种情况下，只有团结农民、支持农民运动，才能保证共产主义政策策略在这些国家的实行不致成为空谈。而且要努力在这些落后国家建立苏维埃组织，对此列宁在为共产国际第二次代表大会所写文件中作了反复说明："建立苏维埃组织这一思想很简单，不仅可以应用于无产阶级的关系，而且可以应用于农民的封建和半封建的关系"，[①]"农民苏维埃、被剥削者苏维埃这种手段不仅适用于资本主义国家，也适用于还保留资本主义前的关系的国家"[②]。列宁指出，建立农村苏维埃组织，加强农村基层政权建设，不仅是为农村发展创造良好的政治环境，而且有助于国家政策措施在农村的贯彻执行，有助于全苏政权的稳固与发展。

而就革命方式问题，列宁坚决主张进行武装斗争。帝国主义勾结封建势力用武装侵略等手段争夺和巩固对殖民地半殖民地的统治，他们不会主动放弃对这些国家和地区的压迫。因此，只有进行武装斗争才能取得革命的胜利。任何鼓吹和平主义，鼓吹无须革命运动就可以实现没有兼并、没有民族压迫、没有掠夺的和平的言论，都是骗人的鬼话。列宁

---

①列宁选集：第4卷[M].北京：人民出版社，1995：278.

②列宁选集：第4卷[M].北京：人民出版社，1995：278.

相信，在无产阶级领导下、在工农联盟的共同努力下，以武装斗争的方式展开革命，一定能取得最终的胜利。而这些胜利后的民族和国家，在先进国家无产阶级的帮助下，完全可以不经过资本主义这个发展阶段而直接过渡到苏维埃制度，并最终过渡到共产主义。

六、列宁对大俄罗斯民族主义和地方民族主义的批判

大俄罗斯民族主义和地方民族主义是俄国国内存在的两种民族主义倾向，这两种民族主义的产生有其深刻的历史根源。早在蒙古统治俄罗斯时期，即统一的俄罗斯民族尚未形成时，大俄罗斯民族主义就已萌芽。当时这种民族主义更多表现为一种防御形式，即反对蒙古的统治。但自进入沙皇统治时代后，大俄罗斯民族主义的侵略本性开始展露无遗，侵略并吸纳沙俄周边的众多民族和地区于本国版图成为其主要表现。面对沙皇的残酷剥削和压迫，许多被压迫民族掀起了反抗民族压迫的民族运动，地方民族主义应运而生。后来随着时间的推移，地方民族主义逐渐演变为过分夸大本民族特点、过分强调本民族利益，时刻戒备、防范俄罗斯人的狭隘民族主义。

列宁对充斥于俄国国内的大俄罗斯民族主义和地方民族主义都持批判态度，指出它们都是危害国家稳定与团结的破坏性因素。但同时列宁又强调，大俄罗斯民族主义是产生地方民族主义的“导火索”，有着更为本质的危害性。因此，无论在十月革命前还是十月革命后，无论在理论上还是实践上，列宁更侧重反对大俄罗斯民族主义。

十月革命前，列宁在谈到俄国无产阶级的历史任务时就直接说道："俄国无产阶级负有双重的，或者更确切些说，负有两方面的任务：一方面要反对一切民族主义，首先是反对大俄罗斯民族主义……"。[①]而列宁所提大俄罗斯民族主义，在当时主要是黑帮大俄罗斯民族主义和大俄罗斯资产阶级自由派的民族主义这两种。列宁指出："不根除黑帮的大俄罗斯民族主义，大俄罗斯居民就无法建立民主国家"[②]，"大俄罗斯民族主义，也同任何民族主义一样，会经历几个不同的阶段，这要看资产阶级国家内部哪些阶级占首要地位。1905 年以前，我们几乎只知道有民族主义反动派。革命以后，我国就产生了民族主义自由派。"[③]就"黑帮大俄罗斯民族主义"而言，其又名政府民族主义，是在俄国上层掀起的"黩武的民族主义浪潮"。他们横行霸道，大肆掠夺，采取种种高压政策镇压觉醒民族的反抗斗争，力图保证大俄罗斯民族独享特权。而"资产阶级自由派的民族主义"，既包括大俄罗斯的，也有波兰的、犹太的、乌克兰的、格鲁吉亚的以及其他民族的。这些资产阶级自由派的民族主义者都致力于追求资本主义制度下资产阶级的自决，他们"想要的是一个执行以火与剑替'祖国工业'夺取新市场的'爱国'政策的强有力的政权"[④]；他们认为，只要地主和官僚愿意给他们分"一杯羹"，即愿意与他们分享统治权，他们就会与反动派携起手来共建"伟大的"资本主义俄国。虽然这

①列宁选集：第 2 卷[M].北京：人民出版社，1995：401.
②列宁全集：第 24 卷[M].北京：人民出版社，1990：61.
③列宁选集：第 2 卷[M].北京：人民出版社，1995：400.
④列宁全集：第 22 卷[M].北京：人民出版社，1990：264.

些资产阶级自由派的立场一致，但列宁还是强调，大俄罗斯的资产阶级自由派的民族主义最坏，因为它带有强制性，并且同普利什凯维奇先生们有“血缘关系”。当时普利什凯维奇和科科什金之流操控着俄国的政治，只要被他们发现或“嗅到”异族人有分离的念头或动向，他们立刻就会在杜马、学校、教会、营房以及千百种报纸上宣传对异族人进行迫害，并付之于实践。所以列宁把这种政治统治称为“毒化全俄政治空气的毒素”。除此之外，列宁也提到了“大俄罗斯的民族主义民主派”，[①]由于它只是露出了一些端倪，所以列宁没有展开论述。

十月革命后，列宁则集中于对党内大俄罗斯民族主义倾向的批判。他深深地感到，很多共产党人沾染了大俄罗斯民族主义习气，以主体民族自居，在很多问题上忽视或蔑视非俄罗斯民族的利益或需求。1919 年在俄共（布）第八次代表大会上列宁就义正言辞地指出：“刮一刮某个共产党员，你就会发现他是大俄罗斯沙文主义者。”[②]就此列宁还专门列举了共产党员在这方面的一些具体表现：苏维埃俄国同存在了一个短时期的红色芬兰政府签订了一个条约，在该条约中有关领土问题上苏俄向芬兰政府做了某些让步，针对此事有人就表示不满，嘀咕道：“那儿有很好的渔场，可是你们把它们送人了”；还有人主张成立统一的学校，并要求除俄语外，不能用别的语言讲课。列宁说，这些都是大俄罗斯民族主义的表现，都是要坚决

①参见列宁选集：第 2 卷[M].北京：人民出版社，1995：400.

②列宁全集：第 36 卷[M].北京：人民出版社，1985：166.

予以反对的。而更让列宁不能容忍以及深表担忧的是斯大林等人在筹备成立苏维埃联盟的过程中所表现出来的大俄罗斯民族主义倾向：1922 年 8 月斯大林受中央政治局委托，起草了一个《关于俄罗斯苏维埃联邦社会主义共和国和各独立的共和国的相互关系》决议草案。该草案规定乌克兰、白俄罗斯、阿塞拜疆、格鲁吉亚、亚美尼亚作为自治共和国加入俄罗斯联邦。格鲁吉亚共产党对此表示坚决反对，但草案最终还是以八票赞成的优势在中央组织局的委员会[1]通过。当列宁看到有关此问题的材料后，明确表示不能同意斯大林所拟草案的内容："整个这个'自治化'的想法是根本不对的，是根本不合时宜的"[2]。他认为自治化方案实际上缩小了其他苏维埃共和国的权利，凸显和扩大了俄罗斯联邦的地位和权利，完全违背了平等和自愿原则，于是迅速找来索柯里尼柯夫、斯大林等人交换了意见，建议将"加入"的说法改成"同俄罗斯苏维埃联邦社会主义共和国一起正式联合组成欧洲和亚洲苏维埃共和国联盟"，即由包括俄罗斯苏维埃联邦社会主义共和国在内的各苏维埃共和国在平等、自愿原则基础上联合成一个新的国家结构。斯大林接受了列宁关于建立新联盟的建议，对草案做了修改（但还有新的隐患，下面会具体谈到）。1922 年 10 月 6 日，俄共（布）中央召开十月全会讨论俄罗斯苏维埃联邦社会主义共和国和各独立的共和国之间的相互关系问题，列宁因病未能参加，但写了《就

①该委员会是为讨论和解决俄罗斯苏维埃联邦社会主义共和国和各独立民族苏维埃共和国的相互关系做准备工作而专门成立的.

②列宁选集：第 4 卷[M].北京：人民出版社，1995：755.

反对大俄罗斯沙文主义给列·波·加米涅夫的便条》，再次重申了他反对大俄罗斯民族主义（沙文主义）的立场和观点："我宣布同大俄罗斯沙文主义决一死战。我那颗该死的牙齿一治好，我就要用满口好牙吃掉它"。[①]列宁要求在联盟的中央执行委员会中，坚持由俄罗斯人、乌克兰人、格鲁吉亚人等等轮流担任主席，反对俄罗斯人独占主席之位。中央全会采纳了列宁的建议。

但在这次会议上通过的斯大林修改后的草案中，就格鲁吉亚、亚美尼亚和阿塞拜疆三个南高加索共和国，斯大林并没有让他们直接以独立共和国的身份与其他共和国一起组成苏维埃联盟，而是要求他们先组成一个南高加索联邦，再行加入。以穆迪瓦尼为代表的格鲁吉亚共产党人对此极为不满，强烈要求作为一个单独的共和国加入联盟。但穆迪瓦尼等格鲁吉亚共产党领导人的意见并未被采纳，反而被以中央代表身份留在高加索的奥尔忠尼启泽斥之有"孟什维主义倾向"，搞"沙文主义"。万般无奈之下，穆迪瓦尼等人选择集体辞职，并将辞职声明呈送俄共中央。为了弄清并平息事态，中央政治局派以捷尔任斯基为首的专门委员会前往格鲁吉亚进行调查取证。但捷尔任斯基却偏袒于奥尔忠尼启泽一方，为奥尔忠尼启泽粗暴对待少数民族的行为进行辩护，因而根本无法公正对待这一事件。列宁对此深感愤怒，指出："去高加索调查这些'社会民族主义分子''罪行'案件的捷尔任斯基同志，在这件事情上也只是突出地表现了他的真正

①列宁全集：第43卷[M].北京：人民出版社，1987：216.

俄罗斯人的情绪”[①]，这是明显的大俄罗斯民族主义倾向，完全违背了无产阶级的国际主义原则。

列宁在其生前最后一篇有关民族问题的论著《关于民族或“自治化”问题》中告诫共产党人，过去是压迫民族、大民族的，现在必须对曾经的被压迫民族、小民族多温和一些、多关心一些、多让步一些，要支持和帮助他们发展经济、文化事业，甚至要以对待自己的不平等来抵偿被压迫民族、小民族生活上实际形成的不平等。列宁解释道，长期遭受压迫不免使乌克兰等落后群众具有民族主义倾向，因此，必须特别慎重地对待民族感情，用同志式的态度说明非俄罗斯民族与俄罗斯劳动群众的利益的一致性，从而抵制地方民族主义倾向，并最终消除“两种民族主义”的影响。

第三节　斯大林对民族主义的认识

斯大林和列宁属于同一时代的人。斯大林最初获得列宁的赏识正是在民族主义问题上。有资料显示，在1912年俄国党“二月”会议召开之际，列宁与斯大林进行了当面交流，二人在有关反对“民族文化自治”纲领、承认民族自决权、维护俄国党的团结等问题上有着完全的共识。列宁对此很是高兴，遂委托斯大林写一篇有关上述问题的长文。就此事，列宁曾在写给高尔基的信中专门谈道：“关于民族主

①列宁选集：第4卷[M].北京：人民出版社，1995：756—757.

义，我完全同意您的意见，应当非常认真地研究这个问题。我们这里有一位非常好的格鲁吉亚人正在埋头给《启蒙》杂志写一篇大文章，他搜集了一切奥国的和其他的材料。我们要在这方面加把劲。”[①]因此，列宁所致力批判的民族主义也同样是斯大林批判的对象。可以说，斯大林丰富了列宁有关反对联邦制建党原则、反对“民族文化自治”纲领、承认民族自决权等方面的内容。当然，1924 年列宁逝世后，斯大林作为苏联共产党和国家的领导人继续执政约 30 年。因此在有关民族主义运动的理论方面、在有关苏维埃自治形式方面、在有关苏联国内党内大俄罗斯民族主义和地方民族主义等问题上，斯大林根据当时的新形势、新变化又做了一些新的补充。

一、斯大林对“按民族特征建党”的分离主义的批判

在列宁对组织上的联邦制原则进行批判的同时，斯大林也展开了这方面的批判工作，观点集中于《社会民主党怎样理解民族问题》（1904）、《马克思主义和民族问题》《俄国社会民主工党第七次代表大会》等文中。

斯大林指出，组织形式有着特殊的重要性，不仅影响到实际工作，而且与工人的精神生活密切相关：工人在自己的组织中生活，接受着组织教育并在其中成长成熟。因此，是按民族特征建党，还是按跨民族的集中制原则建党，在工人中会产生完全不同的影响（效果）。如果采取跨民族的集中

①列宁全集：第 46 卷[M].北京：人民出版社，1990：244.

制原则建党，工人阶级就会把主要注意力放在无产者的共同生活条件上、他们的一致利益上。而关于他们之间的民族差别，则只会在与他们之间的共同利益不相抵触的前提下来进行讨论。之所以会这样，是因为工人每天都在自己的组织中与其他民族的同志相见，与他们一起在共同领导下进行共同的斗争，长期的密切交往自然使他们首先意识到自己是无产阶级大家庭中的一员，是国际社会主义大军中的一员，而非某个民族的成员。但如果按联邦制原则建党，只会造成统一的工人政党的瓦解、工会按民族分裂、民族纠纷尖锐化、民族的破坏罢工行为日盛、社会民主党队伍中士气完全涣散的严重后果。因为它从一开始就要求先弄清楚各民族的无产者之间的差别是什么，以便在这种“民族差别”的基础上建立各个民族的政党。而这必然会在各民族工人之间竖起一座“高墙”，工人被局限在民族的狭小圈子里，彼此被组织上的层层壁垒隔离开来。长此以往，必然造成同一民族的资产阶级和无产阶级携起手来、无产阶级阶级觉悟骤降、无产阶级共同行动的统一基础的丧失。

总之，斯大林强调，联邦制建党原则意味着隔离、分离，而跨民族的集中制建党原则则意味着团结、合作。崩得分子由于采取了联邦制建党原则而正在走向分离主义，他们为了联邦制的目的与俄国社会民主党周旋斗争，并发展到违背党章，在选举第四届杜马时联合波兰民族主义者反对波兰社会民主党人，最终与俄国社会民主党全面决裂，走上了不归路。这既损害了无产阶级革命事业的整体利益，也无益于犹太人自身问题的解决。斯大林说：“工人的民族间团结的原则是解决民族问题的一个必要条件”[①]，任何调和上述两种根本对立的组织原则的企图都是白费心机。

二、斯大林对苏维埃自治形式的廓清

实行地方自治和区域自治是马克思主义经典作家处理民族问题的基本政策和要求。十月革命胜利后，在建立起苏维埃政权后，斯大林便致力于在仍愿意留在俄国国内的各民族地区实行自治。但在巴什基里亚、吉尔吉斯、伏尔加河流域的鞑靼人居住的各边疆地区，以及土耳其边区等一些区域，则出现了资产阶级自治团体，他们企图混淆他们所实行的自治与苏维埃自治的区别，企图把自治作为他们奴役本民族地区群众的工具。面对这种情况，斯大林认为必须揭露这些资产阶级民族主义者的假面具，使人们真正了解苏维埃自治的性质和特点。在其所著《当前任务之一》《在鞑靼—巴什基尔苏维埃共和国成立大会筹备会议上的讲话》《苏维埃政权对俄国民族问题的政策》《达吉斯坦各族人民代表大会》等文中，斯大林都谈到了有关苏维埃自治的问题。

斯大林说，资产阶级自治团体承认中央苏维埃政权，但却不承认地方苏维埃，要求不干涉他们的“内政”，以保证他们能对自治区内“自己的”劳动者实行全权统治，这绝对是不能允许的。苏维埃政权属于人民群众而非各民族资产者，马克思主义者所实行的自治必须建立在地方苏维埃的基础上，只有这样才能真正维护民族地区人民的根本利益和需求。

①斯大林选集：上卷[M].北京：人民出版社，1979：117.

斯大林强调，苏维埃自治是边疆地区和俄国中部实行联合的一种最实际、最具体的形式，它具有很强的伸缩性，因而可以照顾到经济与文化处于不同发展阶段的各式地区。但斯大林也指出，实现苏维埃自治的道路并不平坦，至少存在两种障碍：一是边疆地区缺乏当地出身的领导干部。斯大林说道，由当地出身的人指导当地的建设事业是最合适的，因为其了解本地的风土人情，可以更好地运筹帷幄。但在当时的历史条件下，极度缺乏本地出身的领导干部。因此，必须通过开办训练班和学校等途径大力培养这种领导干部。二是在推进边疆地区苏维埃化过程中某些同志表现出急躁情绪，甚至演变到实施粗暴行为。斯大林认为这是非常不可取的。边疆地区苏维埃化是一个逐步推进的历程，在具体的实现过程中总会遇到这样或那样的问题。这就要求各级领导同志必须耐心地、小心谨慎地加以对待，任何强制性的措施都会造成逆反、抵触情绪的产生甚至引发冲突。

三、斯大林对民族自决权的理解

斯大林涉及民族自决权问题的论著主要有：《社会民主党怎样理解民族问题》《马克思主义和民族问题》《论取消民族限制》《俄国社会民主工党第七次代表会议》《关于芬兰的独立》《在全俄工兵农代表苏维埃第三次代表大会上的讲话》《苏维埃政权对俄国民族问题的政策》《著者的话》《俄共布第十次代表大会》《论民族问题的提法》《党和国家建设中的民族问题》《俄共（布）第十二次代表大会》《论南斯拉夫的民族问题》《和第一个美国工人代表团的谈话》等。

斯大林指出，所谓民族自决权就是各民族自己有权决定自己的命运。对于这一权利，斯大林认为任何人不得加以限制或削弱。但他也强调，承认自决权不等于支持一个民族的一切风俗和机关；不等于维护民族的任何要求；不等于主张每个民族一定要分离。对于一切有害的风俗和机关必须予以反对；对于不适当的民族要求必须坚决拒绝；对于有损无产阶级革命利益、有损所在民族人民整体利益的分离行为必须严厉制止。

与此同时斯大林还谈道，民族自决权的口号既可以为社会民主党人使用，也可以被帝国主义者所利用。因此，为了撇清马克思主义者与帝国主义者在自决权问题上的不同，为了摘下帝国主义者的假面具，防止自决口号从民族解放、民族权利平等的工具变成驯服各民族的工具，变成使各民族顺从帝国主义的工具，列宁在修改党纲草案中提出将“民族自决权”明确界定为“国家分离权”。斯大林认为，列宁的这种界定不仅正确而且有着重大的意义和作用。以建立苏维埃政权后的现实状况为例，斯大林指出，正是因为俄罗斯工人在取得政权后宣布各民族有国家分离权，正是因为他们采取了实际的行动来践行这一原则，他们才会得到西方和东方其他民族同志的同情，才不至于孤军奋战。同时逐步消除了苏联各民族劳动群众之间互不信任的心理，使他们在自愿原则上联合起来。

总之，斯大林认为，自决权是解决民族问题的一个必要条件[①]。但同时也强调，要根据各民族所处的具体历史条件来抉

①斯大林选集：上卷[M].北京：人民出版社，1979：112.

择。也就是说，必须辩证地对待民族自决权问题。

四、斯大林对“民族文化自治”纲领的批判

斯大林与列宁一样，对“民族文化自治”纲领也表示坚决反对。斯大林指出，“民族文化自治”既可称为民族自治，也可称为文化自治。它试图人为地把一些被实际生活拆散和转移到全国各地去的人勉强凑成一个民族，管理所谓的文化事业，实际上与民族的整个发展进程相抵触。因此有必要让人们对“民族文化自治”的本质和危害有一个更为清晰的认识。于是斯大林撰写了《在走向民族主义的道路上》《马克思主义和民族问题》《俄国社会民主工党第七次代表会议》《苏维埃政权对俄国民族问题的政策》《论东方民族大学的政治任务》《联共（布）中央委员会和中央监察委员会联席全会》《答勒·米赫里逊同志》《联共（布）中央委员会向第十六次代表大会的政治报告》《马克思主义和语言学问题》等多篇文章。

揭露了崩得分子照搬奥地利的“民族文化自治”纲领于俄国的荒谬性。斯大林认为，无论是就问题的提法、斗争方法、国家前途还是当前的任务来讲，奥地利都与俄国没有任何一致性。崩得分子对奥地利和俄国的实际情况不加分析就盲目照搬奥地利的纲领于俄国，这完全是书呆子的做法。首先在问题的提法上，主张“民族文化自治”的理论家施普林格和奥托·鲍威尔明确指出，他们所主张的“民族文化自治”以奥地利国家的完整为出发点。但就俄国来讲，社会民主党人早就宣布“国内各民族有自决权”，即有从俄国分离出去，成立独立国家的权利。那也就意味着，在俄国，所谓保持国家完整性的前提是

不存在的。其次在斗争方法和前途问题上，奥地利之所以提出“民族文化自治”纲领，其主要目的就是实现文化上的自治，而根本未曾想过触动国家制度。他们谋求用改良的方法来实现民族自由，并做好了用十年以至更多的时间缓慢建立民族自治机关的准备。但这对于俄国来说是荒谬的。沙皇的残酷统治使俄国国内各民族困苦不堪，如不举起革命的大旗，怎能改变这种悲惨的境遇？而且俄国社会民主党人也并不以推翻沙皇统治为最终目的，他们要建立无产阶级自己的政权。最后就当前的任务来看，民族问题是奥地利政治生活的中心内容，是需要重点解决的。但俄国则应着力解决土地问题，因为当时俄国还存在着农奴制残余，这种残余是对农民进行剥削和政治统治的基础，是影响农业发展的重要羁绊，更是阻碍俄国革命进程的关键因素。列宁早就说过：“俄国革命只有作为农民土地革命才能获得胜利”[①]，“土地问题是俄国资产阶级革命的根本问题，它决定了这场革命的民族特点”[②]。只有解决了土地问题，才能真正团结农民，才能取得资产阶级民主革命的胜利，并为无产阶级革命奠定坚实基础。

指出了崩得主张“民族文化自治”的原因。斯大林谈道，崩得之所以主张“民族文化自治”，一是为了保障自己唯一代表的身份和地位。进入20世纪后，群众性的工人运动逐渐展开，各族工人开始团结起来共同对敌斗争，犹太工人也不例外。这就使得崩得那种没有地域基础的民族圈子愈见狭小了。

①列宁全集：第16卷[M].北京：人民出版社，1988：392.

②列宁全集：第16卷[M].北京：人民出版社，1988：387—388.

崩得为了抗拒融合浪潮，坚持自己的独立存在，宣称自己是“犹太无产阶级唯一代表”，叫嚣只有自己才能对犹太无产阶级发出号召或下达命令。为了使自己的“唯一代表论”能够具有说服力，于是崩得搬出了“民族文化自治”纲领。二是为了保存犹太“民族”而做的最后挣扎。在前面所述列宁论“民族文化自治”纲领的内容中已提到，随着时间的推移，犹太人已散居于其他民族和国家中，作为各完整地区的少数民族而存在。因此，他们没有自己完整的地域，自然也就谈不上地域自治。但崩得却执拗地宣扬犹太“民族”富有生命力，那就只能用“民族文化自治”这种超地域自治来维系和证明犹太民族的尚存。

批判了高加索步崩得后尘宣布实行“民族文化自治”的卑劣和荒唐。斯大林指出，过去高加索无产阶级一直对“民族文化自治”持反对态度，认为实行区域自治是解决高加索的民族问题的最好办法。但到了 1912 年，却宣称高加索也需要“民族文化自治”，这足以证明高加索的取消派先生们已经“滚”到民族主义的泥坑中去了。斯大林谈道，就高加索的现实条件而言，根本不适用“民族文化自治”。“民族文化自治”是以具有发达的文化和文学的、较为发达的民族为前提的，但高加索地区的民族状况却相当复杂多样。许多民族只有原始的文化，没有本民族的文学，如明格列里亚人、阿布哈兹人、阿扎尔人、斯万人、列兹金人；还有一些正被别的民族所同化，如奥塞梯人，他们中位于南高加索的正受格鲁吉亚人同化（但还远没有完全被同化）、位于北高加索的正受俄罗斯同化；还有阿扎尔人，他们操着格鲁吉亚语言但过着土耳其文化生活并信奉伊斯兰教……基于这种状况，到底应该怎样组织这些民族？怎样划分民族联盟？“民族文化自治”在高加索根本无法实行。

澄清和补充了有关民族文化的认识。列宁曾指出，民族文化的口号是“民族文化自治”的理论基础和前提，并在此基础上提出了“两种文化”的理论，即在每一个民族中都有两种文化——资本主义文化和各民族共同的文化，马克思主义者要坚决反对资本主义文化，鼓励和发展各民族共同的文化。列宁逝世后，很多人在对这个问题的理解上出现了偏差，曲解了列宁所表达的意思，于是斯大林做了澄清和补充。斯大林讲道，列宁提出的“两种文化”的理论绝对是正确的。当资产阶级执政的时候，民族文化这个口号就是资产阶级的口号，因为它代表了统治阶级的意志和要求。它企图使一切民族的劳动群众在精神上服从资产阶级的领导和统治，为资产阶级服务，满足资产阶级的私利，因此它是反动的。但需要声明的是，列宁打击的是民族文化的资产阶级内容，而非它的民族形式，这点必须明确。而且也不代表列宁反对任何民族文化，那种僵化类推得出“列宁坚持无产阶级专政条件下的民族文化口号也是反动的”的观点是极其荒谬的。恰恰相反，列宁支持和帮助推进苏维埃政权保护下苏联各民族文化的繁荣和发展。因为当无产阶级掌握政权后，当各民族在苏维埃政权保护下巩固起来后，民族文化口号就变成了无产阶级的口号。它代表了无产阶级专政条件下社会主义国家的利益和要求，代表了苏联一切劳动人民的利益和要求。它是一种社会主义内容的和民族形式的文化，大力发展这种民族文化是为最终建立起全人类共同的国际文化做准备。至于有的同志认为，既然列宁主张每一个民族都有两种文化，那么语言也应该有两种，这更是荒唐和可笑的逻辑，这些人把文化和语言混为一谈了。事实上文化和语言是两种不同的东西，文化具有阶级性，但语言却是全民性的。列宁曾经在反驳崩得分子李普曼的观点时就说过，各民族共同的文化并不是无民族的文化，真正的马克思主义者往往使用各种民族语言来宣传各民族共同的文化，以实现这种包含民主和社会主义内容的文化的全民推广和全民接受。

五、斯大林对东方民族主义运动的分析

在赞同和肯定马克思、恩格斯、列宁对民族主义运动所作理论分析的基础上，斯大林结合自身所处时期民族主义运动的发展概况，又做了一些补充说明。斯大林涉及殖民地和附属国民族主义运动的著作有：《十月革命和民族问题》《不要忘记东方》《光明来自东方》《在全俄东部各民族共产党组织第二次代表大会上的开幕词》《论民族问题的提法》《十月革命和中间阶层问题》《论列宁主义基础》《论南斯拉夫的民族问题》《论东方民族大学的政治任务》《问题和答复》《关于东方革命运动》《时事问题简评》《联共(布)中央委员会和中央监察委员会联席全会》等。在这些文章中，斯大林表达了他对东方民族主义运动的地位和作用的认识，表达了他对东方民族主义运动的支持和鼓励。尤其是对中国革命，斯大林给予了特殊关注，提出了一系列重要观点。

（一）斯大林对东方民族主义运动的地位和作用的认识

斯大林指出，任何人都不能否认和漠视东方民族主义运动的兴起和发展。特别是十月革命胜利后，更是有大批的东方被压迫民族劳动群众加入了反帝行列，这些民族的革命运动对于巩固苏维埃政权、推动无产阶级革命事业的发展都有着特殊的重要性。斯大林解释道，由于东方能为帝国主义者提供棉花、石油、黄金等自然资源，能为帝国主义者提供廉价的、没有反抗意识的劳动力，能为帝国主义者提供对付革命工人的"有色"士兵，因此"东方是帝国主义建立财富的基础，东方是帝国主义汲取力量的泉源，是他们一旦在西欧被击溃时的退路。"[①]正基于此，东方革命运动的兴起和发展不免会动摇帝国主义生存和发展的"后备给养"，牵制和削弱帝国主义的力量，从而与前线的反帝斗争形成双线夹击。

与此同时，斯大林也不忘强调西方革命对东方革命运动的积极影响："西方革命无疑地会进一步推动东方革命运动"[②]，因为西方革命能为东方革命灌注奋发精神和胜利信心。斯大林还进一步指出，民族殖民地问题是同摆脱资本政权分不开的。不推翻资本政权，殖民地和附属国就不能获得解放。这就要求东方民族主义运动必须与无产阶级革命相联系，并采取一致行动。

（二）斯大林对中国革命的特殊关注

在当时的国际反帝形势下，中国的民族革命运动日益成为

①斯大林全集：第4卷[M].北京：人民出版社，1955：248.

②斯大林选集：上卷[M].北京：人民出版社，1979：128.

其中极为重要的革命因素，因此自然引起了全世界各种政治力量，包括斯大林及共产国际的特殊关注。《论中国革命的前途》《中国革命问题》《论中国革命的几个问题》《和中山大学学生的谈话》《中国革命和共产国际的任务》《国际形势和保卫苏联》等等都是斯大林论述中国革命问题的文章。在这些文章中，斯大林就中国的革命性质、特点、依靠和团结力量、领导权、革命方式、发展阶段和革命前途等问题给出了自己的看法。针对这些理论观点，毛泽东曾给予过“三七开”的评价，并具体说道：“斯大林对中国革命做了一些错事。第二次国内革命战争后期的王明‘左’倾冒险主义，抗日战争初期的王明右倾机会主义，都是从斯大林那里来的。解放战争时期，先是不准革命，说是如果打内战，中华民族有毁灭的危险。仗打起来，对我们半信半疑。仗打胜了，又怀疑我们是铁托式的胜利，一九四九年、一九五〇年对我们的压力很大。可是我们还是认为他是三分错误，七分成绩。这是公正的”。[①]也就是说，虽然斯大林对中国革命的理论指导并非完全正确，但功大于过，对中国革命事业的发展产生了积极影响。

就中国的革命性质和特点而言，斯大林指出，托洛茨基分子认为中国的革命是反关税的革命，这是极其错误的认识。托洛茨基分子没有看到中国封建残余的存在，没有看到帝国主义与封建势力的勾结，或至少他们认为这些因素无足轻重。但事实上，中国人民现在正遭受着帝国主义和封建势

①毛泽东选集：第5卷[M].北京：人民出版社，1991：286.

力的双重压迫，因此革命自然是反帝反封建的资产阶级民族民主革命，而这也成为中国革命与 1905 年俄国革命的第一点不同。除此之外，由于中国的工业命脉掌握在帝国主义手里，因此中国的民族资产阶级相当软弱，其软弱性远远超过 1905 年时期的俄国资产阶级，这是中国革命与 1905 年俄国革命的第二点不同。再者，中国与苏联毗邻而居，苏联的革命经验和它给予中国的帮助必然有助于中国反帝反封建斗争的更好展开，这是中国革命与1905 年俄国革命的第三点不同。这三个不同于 1905 年俄国革命的特点，成为中国革命的独有特点，自然给中国革命印上自己的特殊标记。

就中国革命的依靠和团结力量、领导权、革命方式问题，斯大林认为，中国是一个农业人口占大多数的国家，因此团结农民是无产阶级的不二选择，“把中国农民卷入革命愈迅速愈彻底，中国反帝国主义的战线就愈有力愈强大。”① 而资产阶级虽具有软弱性、妥协性，但也并非总与帝国主义保持利益的一致性，因此与革命的资产阶级结成民族统一战线也应该是无产阶级的策略选择。斯大林提醒大家，一定要防止两种倾向：一种是向右的倾向，表现为过高估计民族统一战线的作用，而不考虑这些国家的现实状况和发展程度。这种倾向有“降低革命运动的作用，使共产主义者的歌声融合在资产阶级民族主义者的大合唱里的危险”。另外一种是“左”的倾向，表现为过低估计甚至拒斥工人阶级和革命资产阶级结成反帝联盟。这种倾向有“脱离群众，使共产党变

①斯大林选集：上卷[M].北京：人民出版社，1979：491.

成宗派的危险。”[①]当然，斯大林也强调，无论是基于何种情况，无产阶级掌握革命领导权都是不可动摇和更改的。而且他认为，无产阶级一定要坚持武装斗争的革命方式。就此，他曾做出过一个著名的论断：“在中国，是武装的革命反对武装的反革命。这是中国革命的特点之一和优点之一。”[②]毛泽东对这句话很是赞赏：“斯大林同志的这一论断是完全正确的，无论是对于北伐战争说来，对于土地革命战争说来，对于今天的抗日战争说来，都是正确的”。[③]不仅于此，在1929年10月发表的《〈共产党人〉发刊词》中，毛泽东更直接将统一战线、武装斗争、党的建设共称为中国革命的三大法宝。

至于中国革命的发展阶段和革命前途问题，斯大林认为，中国革命至少要经过三个阶段：第一阶段是全民族联合战线的革命，即广州时期；第二阶段是资产阶级民主革命，即国民革命进抵长江以后；第三阶段是苏维埃革命。在《国际形势和保卫苏联》一文中，斯大林对这三个阶段做了完整论述。并强调，一定要特别注意各不同民族和国家的发展阶段问题。但无论这三个阶段的发展历程还有多长，斯大林相信，“中国未来的革命政权，就其性质来说，大体上将类似我们在1905所说的那种政权，即无产阶级和农民民主专政之类的政权，然而不同的是，这主要将是反帝国主义的政权”。[④]并指出，这一政权将是中国走向社会

①斯大林全集：第7卷[M].北京：人民出版社，1958：127.

②斯大林选集：上卷[M].北京：人民出版社，1979：487.

③毛泽东选集：第2卷[M].北京：人民出版社，1991：543.

④斯大林选集：上卷[M].北京：人民出版社，1979：489.

主义的过渡性政权。也就是说，在斯大林看来，中国的革命前途必将是社会主义。

六、斯大林对大俄罗斯民族主义和地方民族主义的认识

相比于列宁，斯大林在理论上（之所以强调“在理论上”是因为：在实践上，斯大林表现出明显的大俄罗斯民族主义倾向，重点反对地方民族主义，制造了许多无辜杀戮和冤假错案）对“两种民族主义”的态度没有特别明显的倾向性，抑或说更多时候是两者的同时强调。对此斯大林有过明确的论述：“有人在争论：哪一种倾向是主要危险，大俄罗斯民族主义倾向还是地方民族主义倾向？在目前条件下，这是一种表面的因而也是空泛的争论。如果想提出一种对任何时间和条件都适用的辨别主要危险和非主要危险的现成方法，那就愚蠢了。世上根本没有这种方法。主要危险就是人们停止和它做斗争因而让它发展到危害国家的那种倾向。”[①]

粗略汇总，斯大林涉及“两种民族主义”的文章有：《苏维埃政权对俄国民族问题的政策》《在俄罗斯苏维埃联邦社会主义共和国突厥语系民族共产党员会议上的开幕词》《论党在民族问题方面的当前任务》《俄共（布）第十次代表大会》《党和国家建设中的民族问题》《俄共（布）第十二次代表大会》《联共（布）中央委员会向第十六次代表大会的政治报告》《在党的第十七次代表大会上关于联共（布）中央工作的总结报告》等。

①斯大林选集：下卷[M].北京：人民出版社，1979：340.

斯大林指出，共产党员中大俄罗斯民族主义倾向的产生有其深刻的历史根源，是过去民族压迫时期遗留下来的，是大俄罗斯人过去特权地位的反映。由于这些大俄罗斯共产党员一直生活在作为“统治”民族的环境中，他们不知道什么是民族压迫，因而在具体的工作中往往造成忽视或完全不重视民族特点在党的工作中的意义。其实质就是企图抹杀语言、文化和生活习惯方面的民族差别；企图准备撤销民族共和国民族区；企图破坏民族平等权利原则，破坏党关于机关民族化与报刊、学校及其他国家组织和社会组织民族化的政策。[①]斯大林强调，这种大俄罗斯民族主义倾向的危害是极大的，它既是在边疆地区建立真正共产党组织的最大障碍（因为它破坏了边疆地区各民族对俄罗斯民族的信任），也是巩固苏维埃政权、维护国家安全和社会稳定的最大隐患，还是滋养和培植地方民族主义倾向的“沃土”。因此，同大俄罗斯民族主义做坚决斗争是特别重大的任务。在《论党在民族问题方面的当前任务》《党和国家建设中的民族问题》以及《俄共（布）第十二次代表大会》中，斯大林号召大家把反对大俄罗斯民族主义（大俄罗斯沙文主义）作为“首要任务”“第一任务”“主要任务”来对待。

而对于地方民族主义，斯大林认为它是反对大俄罗斯沙文主义的一种特殊防御形式。沾染地方民族主义倾向的共产党人经历过民族压迫的苦难时期，他们还没有完全摆脱民族压迫的阴影，对大俄罗斯人总是怀有敌意或存在戒备心理，在处理问

①斯大林全集：第 12 卷［M］.北京：人民出版社，1955：314.

题时容易夸大民族因素在其中的地位和作用。其实质是力图独树一帜并在本民族的狭隘范围内闭关自守，力图抹杀本民族内部的阶级矛盾，力图用脱离社会主义建设总流的方法防御大俄罗斯沙文主义，力图漠视那些使苏联各民族劳动群众接近和联合的东西，而只看到那些能使他们彼此疏远的东西。[①]这种民族主义倾向虽没有大俄罗斯民族主义危害之大，但也会延缓民族无产阶级摆脱民族资产阶级思想影响的进程，破坏无产阶级的国际团结，阻碍苏维埃社会主义联盟的形成。而且一旦这种地方民族主义演变为地方沙文主义，那它的危险性就大大增强了。它会使某些民族共和国变成争吵和纠纷的舞台，会引发无休止的冲突，甚至会造成国家的分裂。总之，斯大林指出，无论是大俄罗斯民族主义还是地方民族主义，都是偏离列宁国际主义的表现，都是需要打击的对象。

斯大林上述思想基本上是正确的。但以下几种观点却存在明显不足：一是 1921 年斯大林在俄罗斯苏维埃联邦社会主义共和国突厥语系民族共产党员会议上所致开幕词中提到的："所有的俄罗斯人，其中包括俄罗斯共产党员，……除了某些'大国沙文主义'的情绪外，一般说来，他们中间没有发生过民族主义倾向，因此他们用不着，或者几乎用不着去克服这种倾向"。[②]这明显是在偏袒大俄罗斯人，是在为大俄罗斯民族主义作辩护。统观整个致辞，斯大林把批判的重点完全放在反对突厥语系民族共产党的地方民族主义倾向上，舆论导向发生了

①斯大林全集：第 12 卷［M］.北京：人民出版社，1955：322.

②斯大林全集：第 5 卷［M］.北京：人民出版社，1964：3.

偏移。二是在俄共（布）第十二次代表大会上，斯大林批判布哈林把列宁的补偿论当作完整的口号来信奉，他认为列宁的这一提法只是一种文字上的表述方式而已。但事实上，列宁的补偿理论体现了列宁的国际主义精神，体现了列宁谋求各民族真正平等的愿望，体现了列宁想要彻底消除大俄罗斯民族主义的决心。列宁要求区分压迫民族和被压迫民族的民族主义、大民族和小民族的民族主义的根本用意即在于此。也同样是在十二大上，斯大林还提出“反对大俄罗斯民族主义是俄罗斯共产党员的义务，反对地方民族主义是地方共产党员的义务，如果交叉反对则会把全部事情弄糟”的观点。虽然从现实的角度来讲，斯大林的认识不无道理，的确在一些民族问题上由当地出身的领导干部来处理可能会产生较好的效果，但他说得过于绝对，走向了僵化。事实上，相互监督、相互制衡才更有利于“两种民族主义”的消除，才能避免包庇和袒护现象的出现。

第四章

马克思主义经典作家民族主义理论的逻辑分析

在前面从文本角度梳理了马克思主义经典作家有关民族主义论述的基础上，本章侧重对上述观点进行概括和总结，以提炼出马克思主义经典作家关注民族主义问题的内在原因、马克思主义经典作家民族主义理论的主要内容和基本特征。

第一节　马克思主义经典作家关注民族主义的内在原因

马克思主义理论是一个博大精深的理论体系，涉足多个领域和学科，既有对历史的回顾，也有对未来的展望，更立足对现实的思考。他们对每一事件、每个问题的关注，都有着深层的原因。在民族主义问题上同样如此。

一、马克思主义经典作家关注民族主义的重要原因

如前所言，典型的民族主义现象产生于 17、18 世纪的西欧，在进入 19 世纪后有了更为迅猛的发展，在世界的一些地区特别是在整个欧洲引起了巨大的激荡。因此，作为一种社会现象，自然赢得了马克思恩格斯的关注。到了 19 世纪末 20 世纪初，随着资本主义扩张的不断加剧，民族主义早已越出欧洲范围而传遍亚非拉美。再加上俄国国内民族主义在此时的不断滋长，列宁和斯大林不免更加重视民族主义问题。

二、马克思主义经典作家关注民族主义的根本原因

马克思主义经典作家关注民族主义的根本原因在于，民族主义对无产阶级国际主义事业产生了重要影响：一方面，包含民主进步因素的民族主义成为实现无产阶级国际主义事业的重要积淀、重要补充，其中既包括资本主义上升时期的民族主

义，也包括具有革命进步意义的民族主义运动；另一方面，民族主义是马克思主义经典作家在宣传无产阶级国际主义时遇到的最强有力的敌手①。民族主义意在强调民族特性、民族差别，这与倡导无产阶级不分民族的国际团结的国际主义相悖，自然会造成无产阶级之间的隔阂、不信任，会模糊无产阶级和资产阶级之间的阶级界线，破坏无产阶级的国际团结。正基于此，马克思主义经典作家不仅对民族主义问题予以了关注，而且有着丰富的论述。

第二节　马克思主义经典作家民族主义理论的主要内容

马克思主义经典作家的民族主义理论包含着丰富的内容。马克思主义经典作家在承认民族主义的现实存在并划分出多种类型民族主义的基础上，反对狭隘的民族主义，支持包含民主进步因素的民族主义，视民族自决权为民族平等联合、无产阶级自决目标实现的有效方式，倡导无产阶级国际主义。

一、承认多种形式民族主义的存在

马克思主义经典作家指出，在他们所处的历史时代存在着多种形式的民族主义，其中既有国际的，也有国内的，既有不同理论学派的，也有不同阶级属性的，同时还有不同政治营垒之间的。

①陈玉屏.关于阶级、民族与民族主义的思考[J].西南民族大学学报，2006(5).

根据前述马克思主义经典作家有关民族主义的理论文本，马克思恩格斯提到的民族主义有：德意志民族利己主义、反犹太主义、民族虚无主义、民族沙文主义、倒向民族主义的机会主义（第一国际内部的民族主义）、被压迫民族的民族主义、资本主义初期的民族主义（又分为革命的民族主义和泛斯拉夫主义）。列宁提到的民族主义有：崩得民族主义、最精致的民族主义（民族文化自治）、小资产阶级民族主义、倒向民族主义的修正主义和帝国主义经济主义（第二国际内部的民族主义）、社会民族主义（社会沙文主义）、压迫民族的民族主义和被压迫民族的民族主义、黑帮派的民族主义、资产阶级自由派的民族主义、资产阶级民主派的民族主义、大俄罗斯民族主义和地方民族主义。斯大林提到的民族主义有：崩得民族主义、资产阶级民族主义、倒向民族主义的托洛茨基主义（第三国际内部的民族主义）、压迫民族的民族主义和被压迫民族的民族主义、大俄罗斯民族主义（大俄罗斯沙文主义）和地方民族主义（地方沙文主义）。这些民族主义形式共同构成了马克思主义经典作家民族主义理论形成的前提与依据。

二、反对狭隘的民族主义

对于上述民族主义，马克思主义经典作家并不是一概地加以反对，而是剥离出具有狭隘性的民族主义进行了集中批判。在马克思主义经典作家那里，所谓狭隘民族主义主要表现为：

一是情感上的偏狭性。马克思恩格斯谈及的德意志民族利己主义、反犹太主义、民族虚无主义，列宁斯大林谈到的地方民族主义，实际上都是偏狭民族情感的一种表达。仅以德意志民族利己主义为例，王希恩教授曾谈到，在民族主义者那里，“神圣性”和“至上性”总是就自己民族而言的，这就使得他们在阐述正义主张的同时，也会情不自禁地对自己的民族做出超出理性的赞美和歌颂，从而将自己民族与其他民族区别开来，显现出偏见、歧视，甚至是种族主义和极端主义。[①]处于旧有封建统治中的德意志民族，不仅看不到自身与英法等国的差距，反而以自身在哲学领域的造诣而沾沾自喜，认为德意志民族是世界上最伟大的民族，对法兰西民族表现出莫大的仇视和排斥。身为德国人的马克思和恩格斯不能不对此感到愤恨，故在多篇文章中对德意志民族利己主义做出批判。

二是对剥削阶级特别是资产阶级特权地位和特殊利益的维护。如王希恩、陈玉屏、李保国等研究马克思主义民族主义理论的学者所指出的那样，在马克思主义经典作家的论述中，民族主义更多被看作是剥削阶级特别是资产阶级的意识形态和思想理论。前述资产阶级沙文主义、黑帮派的民族主义、资产阶级自由派的民族主义都属此类，都是剥削阶级用来维护特权地位和谋求特殊利益的重要工具，马克思主义经典作家对此予以明确反对。

三是对他民族的压迫。马克思主义经典作家历来反对民族压迫。资产阶级沙文主义、压迫民族的民族主义、大俄罗斯民

①王希恩.批判、借助和吸纳——对马克思主义经典作家关于民族主义论述的再认识[J].民族研究,2007(5).

族主义都是对他民族施以压迫的民族主义形式，自然遭到马克思主义经典作家的极力反对。列宁在其生前最后一篇文章《关于民族和“自治化”问题》中明确区分所谓大民族主义和小民族主义、压迫民族的民族主义和被压迫民族的民族主义，实际上就意在谴责大民族的、压迫民族的民族压迫，意在强调大民族的、压迫民族的民族主义的更大危害性。

四是对无产阶级不分民族的国际团结和无产阶级国际主义事业的破坏。其实包括上面已经提到的那些狭隘民族主义都意在制造民族隔阂、民族分离，都无益于无产阶级的国际团结，但由于崩得民族主义、最精致的民族主义（民族文化自治）、社会民族主义、倒向民族主义的机会主义、修正主义和帝国主义经济主义、托洛茨基主义是在社会民主党内、三大国际内部滋生或倒向的民族主义，因此它们对无产阶级不分民族的国际团结、对无产阶级国际主义事业有着更大的破坏性。这些民族主义者，或推崇、倒向民族主义的社会主义者，炮制所谓联邦制建党原则、民族文化自治论、社会主义殖民政策论、民族解放运动与无产阶级革命无关论、民族自决过时论等等，都意在否定被压迫民族民族主义运动的合理性，意在美化民族压迫政策、殖民统治政策，意在维护自身工人贵族的地位。

三、支持包含民主进步因素的民族主义

在批判、否定狭隘民族主义的同时，马克思主义经典作家对包含民主进步因素的民族主义给予了极大的肯定和积极的支持。根据前述马克思主义经典作家有关民族主义的理论

文本，在马克思主义经典作家那里，所谓包含民主进步因素的民族主义主要指资本主义上升时期的民族主义和被压迫民族的民族主义。

其实早在1848年的《共产党宣言》中马克思恩格斯就对资本主义上升时期的民族主义的历史进步性做出过高度评价。马克思恩格斯指出，早期西方资产阶级民族主义撕破了封建伪装的外衣，推动了生产力的巨大发展，“资产阶级在它的不到一百年的阶级统治中所创造的生产力，比过去一切世代创造的全部生产力还要多，还要大”[①]；建立起统一的民族国家，“日益明显日益自觉地建立民族国家（Nationale Staaten）的趋向，成为中世纪进步的最重要杠杆之一”[②]；改变着民族、国家落后的面貌，“使未开化和半开化的国家从属于文明的国家”；促成了世界市场的形成，“挖掉了工业脚下的民族基础”，使一切国家的生产、消费以至文学艺术都成为世界性的了。在其后的《资产阶级和反革命》一文中，马克思又再次强调了英、法等早期西方资产阶级革命包含着“资产阶级所有制对封建所有制的胜利，民族主义对地方主义的胜利”的积极内容。而列宁在前述“帝国主义时代帝国主义国家之间战争性质”时也谈到，早期西方资产阶级的民族主义是对过去封建统治的反抗，是为了满足生产力发展对统一市场、统一民族国家的需要而产生的积极民族主义，具有历史的进步性，应该得到支持。用列宁自己的话说：“民族原则在资产阶级社会中有其

①马克思恩格斯选集：第1卷[M].北京：人民出版社，1995：277.

②马克思恩格斯文集：第4卷[M].北京：人民出版社，2009：219.

历史的必然性，因此，马克思主义者重视这个社会，完全承认民族运动的历史合理性。”[①]但同时他又强调，必须对早期西方资产阶级民族主义与进入帝国主义阶段的资产阶级民族主义做出明确区分。因为在进入帝国主义阶段后，随着资本扩张的加剧，过去那种反封建主义的资产阶级民族主义早已演变成了对外侵略扩张的殖民主义、沙文主义，其积极进步性已丧失殆尽。任何混淆这两种不同性质民族主义的企图，都不过是用“资本主义上升时期的民族主义”的旧观念来掩饰资产阶级帝国主义的掠夺性罢了。

而就马克思主义经典作家对待被压迫民族民族主义的态度，从马克思主义经典作家有关被压迫民族民族主义运动的丰富论述即可见一斑。笔者在前面已用大量篇幅对马克思主义经典作家有关被压迫民族民族主义运动的理论观点做过详细的文本解读，在此主要强调两点内容：一是马克思主义经典作家并非一概地支持所有的被压迫民族的民族主义运动。这点首先从马克思恩格斯区别对待波匈等民族运动与南方斯拉夫、捷克等斯拉夫人的民族运动中得到说明：马克思恩格斯对波兰、爱尔兰的民族主义运动，对德、意、匈的资产阶级民族民主革命表示了支持，而对泛斯拉夫主义运动则进行了严厉批判。马克思恩格斯指出，在1848年那场意在谋求民族独立、扩大政治权利的资产阶级民族民主革命洪流中，并非所有的民族运动都具有革命的进步意义，抑或说在那些民族的革命要求的具体实现方式上并非都具有合理性。“斗争分成了两大阵营：德国人、

①列宁选集：第2卷[M].北京：人民出版社，1995：346.

波兰人和马扎尔人站在革命方面；其他民族，即除了波兰人以外的一切斯拉夫人、罗马尼亚人和特兰西瓦尼亚地区的萨克森人，则站在反革命方面。”[①]马克思恩格斯之所以会得出上述判断，依据的是这些民族主义运动对待沙俄的态度、对待封建专制制度的态度以及对待革命民族和革命运动的态度。首先，沙俄历来反对革命，充当着欧洲一切反动势力的坚固堡垒。马克思恩格斯就冠之以“欧洲反动势力的首领”“反对革命的最后支柱”的“头衔”，主张同沙俄进行最坚决的斗争。在1848年欧洲革命爆发后，马克思恩格斯也同样强调：“我们的对外政策很简单：支持一切革命民族，号召革命的欧洲对欧洲反动派的强大支柱——俄国，进行一场普遍的战争”[②]，“革命只有一个真正可怕的敌人——俄国，运动越具有全欧洲的规模，这个敌人也就越是不得不开始斗争”[③]。因此，对待沙俄的态度，自然成为评判运动进步与否的标准之一。波兰、匈牙利等民族运动无疑是反对俄、普、奥的反动统治的，而捷克、斯洛伐克、南方斯拉夫人则试图依靠沙俄的领导实现民族独立和统一。其次，1848—1849年欧洲革命的主要任务实际上还是解决资本主义与封建主义之间的矛盾，因此是否反对奥地利哈布斯堡王朝和本国国内的封建阶级自在评判之列。德、意、匈在反对本国封建统治上毫不手软，而捷克、斯洛伐克、南方斯拉夫人则有意保持当时的封建王朝——奥地利哈布斯堡王朝的完整。最后，当意大利人、德国人、波兰

①马克思恩格斯全集：第6卷[M].北京：人民出版社，1961：197.

②马克思恩格斯选集：第4卷[M].北京：人民出版社，1995：187.

③马克思恩格斯选集：第4卷[M].北京：人民出版社，1995：187.

人、马扎尔人举起反对君权独裁的革命旗帜时，捷克人却支持哈布斯堡王朝镇压匈牙利革命，并帮助绞杀德意志革命志士；斯洛伐克人则帮助镇压马扎尔人起义；南方斯拉夫人也同哈布斯堡王朝联合起来共同反对德国人和马扎尔人的斗争。这就完全暴露了捷克人、斯洛伐克人、南方斯拉夫人的反动性、反革命性。

列宁在区别对待被压迫民族的民族主义方面同样有着丰富的论述。他在谈到有关被压迫民族的民族自决要求时就指出，并不是所有的被压迫民族的民族自决运动都能得到马克思主义者的支持，并就此与卢森堡等“实际主义者”提出的或支持一切民族要求、或对每个民族的分离问题做出“是或否”的回答、或指出民族要求在一切情况下都能够直接实现的僵化主张进行了论战。除此之外，列宁在《关于民族问题的批评意见》《论民族自决权》《在全俄东部各民族共产党组织第二次代表大会上的报告》等多篇文章中也都谈到了区别对待被压迫民族的民族主义的问题。列宁指出，马克思主义者只限于支持被压迫民族的民族主义运动中包含反民族压迫、反民族特权、争取民族独立等一般民主主义的内容，对于其中被压迫民族上层阶级妄想谋求民族特权的趋向则要严格区分并坚决反对。列宁强调，工人阶级支持资产阶级的民族主义运动、支持资产阶级的某些要求，“只是为了民族和睦（这是资产阶级不能完全做到的，只有在完全民主化的时候才能实现），为了平等，为了创造最好的阶级斗争环境”。①总之，在列宁就此问题

①列宁选集：第 2 卷[M].北京：人民出版社，1995：383.

的一系列论述中，他先后使用了“一定历史范围的界限”“只有在……的时候”“只是在某个方面”“只是为了”“恰恰是为了”“只是有条件地”等多个限定词，深刻表达了其在对待被压迫民族的民族主义运动上的原则立场。斯大林对此深表赞同：“列宁说得对，在估量被压迫国家的民族运动时不要以形式上的民主为标准，而要以反帝国主义斗争总结算中的实际结果为标准”。[①]斯大林指出，只有那些致力于削弱帝国主义、推翻帝国主义的民族主义运动才是无产阶级应该援助的对象。

二是马克思主义经典作家支持包含民主进步因素的民族主义，更多是将它们看作实现无产阶级国际主义事业的重要积淀、重要补充。马克思主义经典作家曾预言，人类历史的发展大致要经历五种社会形态，即原始社会、奴隶社会、封建社会、资本主义社会、社会主义(共产主义）社会。资产阶级推翻封建统治，推动人类历史又向前迈进一大步，其积极性自然毋庸置疑。更重要的是，资本主义经济的发展实际上为社会主义（共产主义）目标的实现奠定了坚实的物质基础，这是马克思主义经典作家肯定资本主义上升时期的民族主义的历史进步性的根本之所在。至于支持被压迫民族的民族主义，一方面是因为马克思主义经典作家同情这些被压迫民族的历史境遇，希望他们获得民族独立和解放。但更重要的是，马克思主义经典作家认为被压迫民族的民族主义运动是无产阶级革命的重要同盟，并相信“一切民族都将走向社会

①斯大林全集:第6卷[M].北京:人民出版社,1956:125.

主义，这是不可避免的”[①]。对此，中国共产党人也有着共识。1925 年 1 月《中国共产党第四次全国代表大会对于民族革命运动之议决案》中就曾明确提到：“东方无产阶级固然应该参加民族革命运动，而无产阶级对于民族革命之目的与地位与他阶级却不同。”[②]具体来讲，封建阶级号召民族运动是为了反对其他民族对贵族威严与领土的侵犯；资产阶级号召民族运动是为了与其他民族争夺更多的产业发展机会和更大的产业发展空间；而无产阶级乃是为了推翻帝国主义和本国资本主义而参加民族运动，并最终把民族革命引导到无产阶级的世界革命。西方学者霍勒斯·B.戴维斯在其所著《探索马克思主义民族主义理论》一书中也曾有过关于民族解放运动与社会主义关系问题方面的思想表述。他认为，民族主义（民族解放）运动就其本身而言处于一种中立的价值状态，因此，如果要保持它的存在意义，就需要同社会主义结合起来。否则，就会像从西班牙的统治下解放出来的墨西哥的解放运动那样，成为以提出社会改革的要求开始，以维持特权阶级的统治而告终的运动[③]。而之所以会如此的原因就在于，在社会主义条件下，民族压迫的阶级基础已然消灭，承认民族权利、尊重各民族主体性地位的氛围、政策正在形成，从而具备了解决民族问题的现实可能性。

---

①列宁选集：第 2 卷[M].北京：人民出版社，1995：777.

②金炳镐.民族纲领政策文献选编：第一编[M].北京：中央民族大学出版社，2006：40.

③石田政治，林茂森.《探索马克思主义民族主义理论》一书评介[J].民族译丛，1982(1).

有资料显示，第二次世界大战后至20世纪80年代初，曾先后有49个亚非拉民族国家明确宣布奉行“社会主义”，其中亚洲10国，非洲24国，拉丁美洲15国，约占第三世界国家总数的1/3。这就扩大了社会主义的世界影响力，充实了无产阶级革命队伍的力量。但需要指出的是，这些国家所坚持的并非都是科学社会主义，还有其他牌号的社会主义。具体而言，包括中国、朝鲜、越南、老挝、古巴、刚果、贝宁、安哥拉、莫桑比克、埃塞俄比亚、索马里、津巴布韦等在内的一些国家宣布信奉科学社会主义（但彻底性不同）；而像印度、缅甸、巴基斯坦、印度尼西亚、利比亚、坦桑尼亚、突尼斯、阿尔及利亚、加纳等国则将社会主义与本国民族传统相结合，走的是民族社会主义的道路。就民族社会主义而言，其与科学社会主义有着原则性的区别。因为在民族社会主义者那里，民族主义才是他们的核心与关键，社会主义更多时候只是他们实现民族独立、发展的工具。但是并不能因此而否定民族社会主义对国际共产主义运动的积极贡献。它不仅推动了科学社会主义理论的传播和发展，而且是科学社会主义者反对帝国主义、反对霸权主义、反对强权政治的重要盟友。同时，民族社会主义国家在改革、发展、建设中的一些成效也为其他民族和国家寻求民族主义与社会主义之间的某些契合点提供了借鉴。

四、视民族自决权为民族平等联合、无产阶级自决目标实现的有效方式

根据前述马克思主义经典作家有关民族主义的理论文

本可以看出，无论是马克思恩格斯还是列宁和斯大林都对民族自决权问题做过明确论述，特别是列宁，撰写了50多篇文章专述或概述了这一问题。因此，民族自决权问题自然成为马克思主义经典作家民族主义理论中一个非常重要的内容。

在马克思主义经典作家那里，民族自决权更多是与民族平等联合、无产阶级自决联系在一起的。换句话说，马克思主义经典作家实际上把承认民族自决权看作是实现民族平等联合、实现无产阶级自决的有效方式。马克思主义经典作家强调，一切民族都拥有自决权，这就明确指出了民族自决权的适用范围、适用对象。但正如王希恩教授指出的那样，马克思主义经典作家这样做的“意义并不在于‘民族’资格的界定，而在于强调被压迫民族摆脱民族压迫和奴役的‘权利’，体现的是民族不论大小一律平等的无产阶级平等观”。①产生于资本主义上升时期的民族自决权本具有反对封建统治、反对民族压迫的积极性质，但随着资本主义进入到帝国主义阶段，随着资产阶级由民族革命的领导者蜕变为殖民主义者、沙文主义者，民族自决也就自然被民族压迫所代替。在这种情况下，马克思主义经典作家强调民族自决权，绝不可能是为帝国主义提供对外压迫的借口，而只能是对被压迫民族反抗民族压迫的支持和鼓励。但也不止于此，马克思主义经典作家进一步强调，

①王希恩.批判、借助和吸纳——对马克思主义经典作家关于民族主义论述的再认识[J].民族研究，2007(5).

“分离是为了更好联合”。“分离为了联合”这看起来是一个矛盾的命题，但却体现了马克思主义经典作家在这一问题上的辩证性。列宁解释说，民族自决权完全是属于政治民主方面的内容，一个国家的民主制度同分离的自由愈接近，在实际上要求分离的愿望也就愈少，因为无论从经济发展、群众利益、社会进步、阶级团结等各方面来讲，大国都比小国好。而且列宁强调，基于自由分离原则基础上的联合是有信任作保障的自愿联合，这种联合才是马克思主义者应该提倡的，反对那种强制性的联合。

与此同时，马克思主义经典作家也指出：“社会民主党作为无产阶级的政党，其真正的主要的任务不是促进各民族的自决，而是促进每个民族中的无产阶级的自决”[①]、“在民族自决问题上，也同在其他一切问题上一样，我们首先注意和最注意的是各民族内部的无产阶级自决。”[②]这就是说，在马克思主义经典作家那里，承认民族自决权，支持被压迫民族的分离、独立要求，无疑是为了更好实现无产阶级的自决。其中就隶属压迫民族的无产阶级来讲，是否承认被本民族压迫的民族有分离自由、有独立权利，是考验其阶级性的最好方法。马克思恩格斯在有关爱尔兰民族问题的论述中就已提供了压迫民族的无产阶级应当如何对待被压迫民族的成功范例（列宁语）。马克思恩格斯反复强调，“只要英国工人阶级对爱尔兰的政策还没有和统治阶级的政策一刀两断，只要英国工人阶级还没有做到

①列宁选集：第1卷[M].北京：人民出版社，1995：459.

②列宁全集：第25卷[M].北京：人民出版社，1988：256.

不仅和爱尔兰人一致行动，而且倡议取消1801年所实行的合并，代之以自由联盟的关系，它在英国本土就永远不会有所作为”。[①]而列宁在《论民族自决权》等文中也明确提到，那些自称承认民族自决权但对本国内部被压迫民族的自决问题却避而不谈的社会党人，实质上已沦为了社会民族主义者、社会沙文主义者，即打着社会主义旗号的帝国主义者。因此必须通过宣传、教育等方式，使隶属压迫民族的社会党人无论在战时或平时，都要承认被压迫民族的分离自由，这样才能成为真正的国际主义者。而对于被压迫民族的无产阶级来讲，给予他们完全的分离自由，使他们享有最充分的民族平等，他们才能更好了解造成他们被压迫状况的根本原因并不在于无权，而在于资本主义制度。只有这样才能唤起他们的阶级斗争意识，才能提高他们的阶级觉悟。

五、倡导无产阶级国际主义

马克思主义经典作家在批判、否定狭隘民族主义的同时，也提出或建构了他们在民族与阶级、民族压迫与民族平等、民族分离与民族融合、民族永存与民族消亡等问题上的无产阶级国际主义原则、立场。列宁就曾指出：“资产阶级民族主义和无产阶级国际主义——这是两个不可调和的敌对的口号，这两个同整个资本主义世界的两大阶级营垒相适应的口号，代表着民族问题上的两种政策（也是两种世界观）。”[②]所谓无产阶级

①马克思恩格斯文集：第10卷[M].北京：人民出版社，2009：314.
②列宁全集：第24卷[M].北京：人民出版社，1990：128.

国际主义原则就是要求无产阶级在保持不分民族的国际团结的基础上，致力于实现民族的独立解放和平等发展，致力于实现全世界各民族的高度融合，从而最终建立起超越所有民族之上的无阶级、无国家的自由人联合体。

（一）无产阶级不分民族的国际团结

一直以来，资产阶级总是高举“民族”大旗，宣扬救民族于水火，自诩全民族利益的代表。对此，马克思主义经典作家坚决予以反对。马克思主义经典作家指出，在生产资料私有制下，资产阶级实际上关心的仅仅是自己的私利，但是为了利益获取的便利、为了得到人民的拥护，他们往往把自己的私利说成是民族利益。他们挑起战争、残酷剥削，不仅没有给人民带来所谓的幸福、平等、自由，反而使人民陷入更深的苦难当中。因此，资产阶级的民族性是虚假的，逐利性才是他们的本性。马克思主义经典作家强调，只有无产阶级，只有这个同整个旧世界相脱离并与资产阶级相对立的阶级才能真正代表全民族的利益。其根本原因就在于无产阶级受剥削、受压迫最深，他们对平等、自由有着更迫切的渴望，因此革命性最强也最彻底；他们没有自己特殊的民族性，没有民族偏见，他们有的只是劳动、自由的奴隶制、自我售卖[①]；他们和被压迫民族有着共同的阶级敌人——资产阶级，因此“无产阶级对资产阶级的胜利同时就是一切被压迫民族获得解放的信号”[②]。总之，无产阶级的这种革命性、民族性、阶级性，决

①参见马克思恩格斯全集：第42卷[M].北京：人民出版社，1979：256.

②马克思恩格斯选集：第1卷[M].北京：人民出版社，1995：309.

定了只有无产阶级才能真正代表各族人民的利益，才能真正带领各族人民走向独立和解放。

在确定了无产阶级才是实现民族解放、人类解放的根本依靠力量后，马克思主义经典作家进一步分析指出，随着生产力的发展，资产阶级对市场和原料的需求不断增大，这就驱使他们积极奔走于世界各地，资本压迫开始越出一国范围而成为国际性的了。在这种情况下，只有实现无产阶级的国际团结，才能战胜国际资本的全球压迫。同时，在资本市场上处于激烈争夺、竞争状态的各族资产阶级，在对付各族工人时却握手言和，建立起所谓的兄弟联盟，“一个国家里在资产阶级各个成员之间虽然存在着竞争和冲突，但资产阶级却总是联合起来并且建立兄弟联盟以反对本国的无产者；同样，各国的资产者虽然在世界市场上互相冲突和竞争，但总是联合起来并且建立兄弟联盟以反对各国的无产者”。[①]国际资产阶级抛开民族和宗教差异建立的所谓联盟，致使各族无产阶级遭受着同样的剥削和压迫，经济状况几乎降到同一水平。在这种情况下，只有实现无产阶级的国际团结，建立起统一的国际无产阶级联盟才能与国际资产阶级联盟分庭抗礼。再者，各族无产阶级都同样遭受着资产阶级的压榨，处于社会的最底层，生活极端困苦不堪，因此他们有着共同的阶级利益，理应实现国际团结。总之，资本压迫的国际性、国际资产阶级联盟的建立以及各族无产阶级的阶级共同性都要求无产阶级实现国际团结，于是马克思恩格斯在《共产党

①马克思恩格斯选集：第1卷[M].北京：人民出版社，1995：308.

宣言》中高呼“全世界无产者，联合起来”，[①]而这也就成为三大国际成立的共同致因。三大国际的成立虽然基于不同的历史背景和主客观条件，但却有着一个共同的目的或愿望，那就是实现无产阶级的国际团结与联合。在第一国际成立宣言中马克思就明确讲道：“过去的经验证明：忽视在各国工人间应当存在的兄弟团结，忽视那应该鼓励他们在解放斗争中坚定地并肩作战的兄弟团结，就会使他们受到惩罚，——使他们分散的努力遭到共同的失败。这种认识促使 1864 年 9 月 28 日在圣马丁堂出席公开大会的各国工人创立了国际协会”[②]；而第二国际在历届大会上都不忘悬挂“全世界无产者联合起来”的横幅；第三国际成立时同样热情号召全世界无产者在工人苏维埃、在夺取政权和实行无产阶级专政的革命斗争、在第三国际的旗帜下联合起来。

“无产阶级不分民族的国际团结”，这是马克思主义经典作家所主张的国际主义原则中最重要的内容之一，集中体现了马克思主义经典作家的阶级立场，同时也表明了马克思主义经典作家反对民族主义的根本原因之所在。实际上，在前述有关“反对狭隘的民族主义”的原因中已经提到，包括联邦制建党原则、民族文化自治等在内的资产阶级民族主义，都意在强调民族特性、民族差别，这自然会造成无产阶级之间的隔阂、不信任，会模糊无产阶级和资产阶级之间的阶级界线，导致无产阶级放弃阶级立场而不加区分地去维护所谓的“民族利益”（这种“民族利益”在资产阶级统治下只代

①马克思恩格斯选集：第 1 卷[M].北京：人民出版社，1995：307.

②马克思恩格斯选集：第 2 卷[M].北京：人民出版社，1995：607.

表上层统治阶级的利益）。列宁就曾讲道：“在文明国家里，为了统治阶级的利益，经常在培养这种（笔者注：民族主义）偏见，其目的是诱使无产阶级群众放弃他们本身的阶级任务，使他们忘记国际的阶级团结的责任”[①]。1914年列宁更直接以《精致的民族主义对工人的腐蚀》为题撰写了文章，以表达民族主义对工人阶级的危害之大。斯大林在就党和国家建设中的根本任务所拟提纲中也同样指出：“民族主义倾向的害处在于：它阻碍民族无产阶级摆脱民族资产阶级思想影响的进程，它给各民族的无产者团结成一个统一的国际主义组织的事业带来困难。”[②]因此，他号召全党要通过组织高级马克思主义学习小组、增印用各族语言出版的有原则性的马克思主义书刊、加强东方民族大学和各地分校等方式来努力消除民族主义残余的影响。[③]实际上，马克思主义经典作家的这种担心和认识是非常正确的，三大国际的相继破产即包含着民族主义的破坏性影响。

第一国际时期，组织内部存在着多种理论宗派，除马克思主义以外，还有马志尼主义、蒲鲁东主义、工联主义、拉萨尔主义等。它们在不同国家工人中有着或深或浅的影响，其中马志尼主义在意大利影响最大；蒲鲁东主义在法国、比利时等国影响最大；工联主义则在英国影响最大；而拉萨尔主义在德国影响最大。这些非马克思主义（非无产阶级）宗派与马克思主

①列宁全集：第17卷[M].北京：人民出版社，1988：168.

②斯大林全集：第5卷[M].北京：人民出版社，1957：157.

③需要指出的是，斯大林并未做到知行始终一致，他在第三国际时期的表现即可见一斑，后有专述。

义在诸多问题上形成尖锐的对立和不可调和的矛盾，民族问题亦在其列。具体而言，马志尼主义是对马志尼思想的继承和发展。马志尼是一位典型的民族主义者，在他看来，争取民族主义革命的胜利是包括工人阶级在内的广大民众的根本和唯一任务，他反对工人参加反资斗争，极力宣扬劳资合作，割裂了民族革命与无产阶级革命之间的关系。蒲鲁东主义者和拉萨尔主义者则站在俄、德“民族利益”的角度反对支持波兰民族主义运动。事实上，促使第一国际成立的直接因素就是英法德三国工人共同声援波兰革命。因此蒲鲁东主义者和拉萨尔主义者的叫嚣，与第一国际成立的初衷即形成了明显对立，更不用谈后期发展了；工联主义者同样明确反对支持爱尔兰民族主义运动，要求以英国“本民族”的利益为重。针对这些民族问题上的错误理论、观点，马克思主义者虽与他们进行了论战，并确立了马克思主义在工人运动中的领导地位，但并不能完全清除工人头脑中已然受到影响和腐蚀的思想、观念。这自然就埋下了狭隘民族主义在国际工人内部滋生的隐患，动摇了国际工人团结的根基。

就第二国际而言，其成立时的重要历史背景是各国工人政党的相继建立。第一国际时期独立工人政党还寥寥无几，自巴黎公社革命（“公社是国际精神的产儿”）因缺乏独立无产阶级政党领导而归于失败后，各国就吸取经验教训开始积极致力于独立工人政党的建立。至 1889 年前后，荷兰、捷克、美国、丹麦、挪威、奥地利、瑞典等国都已建立起自己的工人政党。这些工人政党由于是在民族国家范围内形成的，不可避免地带上各自民族的深深烙印。加之国际组织原则的松散性，所以在遇到具体问题时各国工人政党自然会从本国利益出发来考虑国与国之间的关系。当然，在国际成立初期，各国工人政党还大体能够做到民族利益和国际利益的基本一致，坚守自身的国际职责。但自国际内修正主义泛起后，其在民族问题上的错误言论逐渐把民族主义推向偏狭的轨道，比如号召放弃政治斗争而追求民族文化自治、反对各民族都拥有自决权、粉饰殖民政策和暴力兼并政策等等。受这些思想的影响，1914 年第一次世界大战爆发后，第二国际内划归右派、中派的工人政党公然与帝国主义勾结，叫嚣所谓的“保卫祖国”，支持并参与了帝国主义的侵略战争。有关数字显示，当时第二国际中的27 个党中背叛了无产阶级国际主义的就有 24 个，这也就意味着第二国际走向破产。

至于第三国际时期民族主义的表现，似乎要更为直观和容易理解得多。列宁逝世后，斯大林实际上成了第三国际的主要领导人。他受自身大党、大国主义思想的影响，以及凭借苏联在国际共运中主力军地位的逐渐凸显，于是对第三国际的革命任务和国际主义的原则要求做出了“新”的规定：“苏联无产阶级的‘民族’任务和国际任务融合为一个共同的任务”①，“谁决心不开秘密军事会议而绝对地、无条件地、公开地和忠实地捍卫苏联、保卫苏联，谁就是革命者，因为苏联是世界上第一个建设社会主义的无产阶级的革命的国家。谁决心绝对地、毫不动摇地、无条件地捍卫苏联，谁就是国际主义者，因为苏联是世界革命运动的基地，不捍卫苏联，就不能

①斯大林全集：第 9 卷[M].北京：人民出版社，1954：25.

捍卫并推进世界革命运动。要知道，谁想撇开苏联、反对苏联而捍卫世界革命运动，谁就是反对革命，谁就必然要滚到革命敌人的阵营里去。”[①]也就是说，斯大林把“保卫苏联”看作是第三国际的主要任务和衡量他国是否遵循国际主义原则的根本准则。这就促使第三国际的性质和职能开始发生蜕变，降低了其存在的价值。而国际内某些成员对斯大林做法的异议和反对(因为苏联一国的利益并不总能与国际利益或其他成员国利益保持一致)，则进一步加快了斯大林解散国际的步伐。斯大林曾就国际内部“反斯”声音明确说道：“共产国际的情形越来越不正常了。在这个问题上，维亚切斯拉夫·米哈伊维奇和我绞尽脑汁，而共产国际却自作主张……冲突越来越严重。和季米特洛夫共事是容易的，但是同其他人可就难了。”[②]于是，为了清除障碍以推进苏联的发展进程，为了巩固和扩大自身权力，斯大林提议解散第三国际。1943 年 6 月，第三国际正式解散。

(二) 民族的独立解放和平等发展

坚持无产阶级不分民族的国际团结是马克思主义经典作家不变的主张，但他们也清楚地认识到，“国际联合只能存在于国家之间，因而这些国家的存在、它们在内部事务上的自主和独立，也就包括在国际主义这一概念本身之中”[③]，“不恢复每个民族的独立和统一，那就既不可能有无产阶级的国际联

①斯大林全集：第 10 卷[M].北京：人民出版社，1954：47.

②吉拉斯.同斯大林的谈话[M].北京：世界知识出版社，1963：58.

③马克思恩格斯全集：第 39 卷[M].北京：人民出版社，1974：84.

合，也不可能有各民族为达到共同目的而必须实行的和睦的与自觉的合作”[1]。因此，谋求各民族的独立和解放自然成为马克思主义经典作家国际主义原则中的应有之义。

与无产阶级相反，资产阶级根本无意实现各民族的彻底解放，“民族资产阶级追求的并不是使‘自己的人民’从民族压迫下解放出来，而是从人民身上榨取利润的自由，是保存自己的特权和资本的自由”，[2]他们利用民族主义不断挑起战争，视广大人民群众的生命如儿戏，唆使各国人民互相厮杀以满足他们的私欲，许多民族和国家深陷奴役和血腥之中。面对这种状况，马克思主义经典作家明确表示支持被压迫民族的民族主义运动，并呼吁“全世界无产者和被压迫民族联合起来”[3]，帮助受剥削、受压迫的民族摆脱悲惨境地，获得真正的独立和解放。

除此之外，马克思主义经典作家指出，反对剥削、反对压迫不仅有助于被压迫民族免受侵害，实际上也是为了帮助压迫民族实现自身解放。因为“压迫其他民族的民族自身也是不能获得解放的”。就此马克思恩格斯在论波兰民族主义运动、论爱尔兰民族主义运动以及论德意志民族主义运动中，列宁在论压迫民族的社会党人对待本国内部的被压迫民族问题上都曾有过论述。马克思主义经典作家解释道，当存在压迫与被压迫时，压迫民族要想维持对他民族的压迫地

①马克思恩格斯选集：第 1 卷［M］.北京：人民出版社，1995：269.

②斯大林选集：上卷［M］.北京：人民出版社，1979：123.

③列宁全集：第 40 卷［M］.北京：人民出版社，1986：73—74.

位，必然需要更多的军费开支，而这笔费用必然要从压迫民族的广大民众身上搜刮，从而使民众背上沉重的负担；被压迫民族也不可能永远忍受被压迫的命运，必然要进行反抗，这时压迫民族不得不去镇压，于是陷入无休止的战乱状态；压迫民族的广大民众作为被唆使者、挡箭牌，当苦难积攒到一定程度时，也会起来反抗本民族的统治阶级。基于上述种种原因，很难想象压迫民族还有何自由、解放可言。因此，只有从根本上消灭了民族剥削和压迫，才能使全世界各族人民实现彻底的独立和解放。

同时，马克思主义经典作家也强调和致力于实现民族平等。他们认为，民族平等与民族独立一样，也是实现国际合作的重要基础，“只有在平等者之间才有可能进行国际合作”[①]。资产阶级虽然也承认民族平等，但那只是口头上的，在实际操作中他们更多甚或只是倾向维护本民族的某些特权、实现本民族资产阶级利益的最大化，“对于资产阶级来说，要求民族平等实际上往往就等于鼓吹民族特殊性和沙文主义，而且这种要求又经常是同鼓吹民族分裂和疏远同时并进的”。[②]民族平等在资产阶级那里只是一个虚假的宣传口号，资产阶级的私利性、逐利性不可能让这一原则得以真正实现。

马克思主义经典作家指出，无产阶级所要实现的是“各民族间事实上的平等”。所谓“事实上的平等”至少包括两方面的含义：一是就资产阶级所谓的民族平等而言的。前

①马克思恩格斯文集：第10卷[M].北京：人民出版社，2009：472.

②列宁全集：第25卷[M].北京：人民出版社，1988：153.

面已经说到，在资产阶级那里，所谓的民族平等只是形式上的平等，事实上民族特权、本民族优越等狭隘民族主义却充斥着整个社会。而无产阶级却不仅在形式上承认民族平等，而且要在内容上、实质上实现各民族的真正平等，要赋予各民族人民在政治、经济、文化等各领域的平等权利，尽可能地为各民族创造平等的发展空间和发展机会。二是就建立起无产阶级专政后存在的不平等现象而言的。由于新生的无产阶级政权在各方面都还不成熟、不完善，因此并不能马上消除历史上遗留下来的不平等现象。作为人民利益的真正代表，无产阶级有责任有义务尽最大努力来缩小各民族在经济、文化上的差距，保证各族人民享有和行使政治上的平等权利。

（三）民族融合直至消亡，最终建立起自由人联合体

资产阶级民族主义者始终强调民族的永恒存在，企图以此来保持民族之间的分离、隔阂，以此来维护他们在多民族国家中的帝国统治。但马克思主义经典作家指出，“无产阶级不能支持任何巩固民族主义的做法，相反，它支持一切有助于消灭民族差别、消除民族隔阂的措施，支持一切促进各民族间日益紧密的联系和促进各民族打成一片的措施”①、“马克思主义提出以国际主义代替一切民族主义，这就是各民族通过高度统一而达到融合”。②这就道出了马克思主义经典作家在民族主义问题上的基本面向。

①列宁选集:第 2 卷[M].北京:人民出版社,1995:348.

②列宁选集:第 2 卷[M].北京:人民出版社,1995:346—347.

马克思主义经典作家解释道，民族作为一种历史性存在，有其产生、发展、消亡的渐进过程，生产力的发展必然推动这一过程更快展开。特别是进入资本主义时代，随着贸易自由的实现以及世界市场的建立，各国之间的民族藩篱已经被打破，民族交往的不断深入成为历史发展的必然。而各民族在经济、文化等方面交往的日益加强使民族隔绝和对立更快地消失。列宁总结说，资本主义的发展过程在民族问题上有两个历史趋势："民族生活和民族运动的觉醒，反对一切民族压迫的斗争，民族国家的建立，这是其一。民族之间各种联系的发展和日益频繁，民族隔阂的被打破，资本、整个经济生活、政治、科学等等的国际统一的形成，这是其二"[①]。在经过这两个发展阶段后资本主义已然成熟，开始向社会主义转变。而当进入社会主义社会后，无产阶级则进一步致力于发展民族经济、文化，加强民族交流与合作。在社会主义条件下，民族剥削和压迫的消除、无产阶级全心全意为人民服务宗旨的切实贯彻必然使这种发展进程、交流合作更加快速、顺畅。

社会主义不是终点，实现共产主义才是马克思主义经典作家的最高理想和最终目标，而国际主义实际上就是共产主义。在共产主义社会，公有制原则下结合起来的各个民族的民族特点必然融合在一起，从而也就自行消失。无阶级、无国家、无民族的新的人类共同体得以形成，现实的每一个个人成为这个共同体的最基本构成单位。当然，

①列宁选集：第 2 卷[M].北京：人民出版社，1995：340.

马克思主义经典作家也强调，民族高度融合直至消亡的实现是一个漫长的历史过程，具有历时性和世界性。斯大林就此划分出了实现民族融合的三个阶段，他认为在全世界实现无产阶级专政后，必须经过第一阶段的各民族繁荣发展和第二阶段的民族差别和民族共性平行存在，才能进入民族差别和民族语言消亡而让位于新的人类共同体和人类共同的世界语言的第三阶段。

第二节　马克思主义经典作家民族主义理论的基本特征

统观整个马克思主义经典作家有关民族主义的理论文本可以看出，马克思主义经典作家有关民族主义的论述更多是对当时所处时代的现实问题、具体问题做出的回应。因此，马克思主义经典作家的民族主义理论不免蕴含论战性、阶级性、具体性等基本特征。

一、论战性

马克思主义经典作家的民族主义理论与马克思主义经典作家的阶级理论、人类解放理论等等相比，没有那种浩瀚磅礴的气势，没有那种明显的脉络起伏，其更多表现为片段性的结合，是由马克思主义经典作家与一系列互有联系但又各不相同的观点、主张进行论战而形成的。其中既有马克思恩格斯与德意志狂、青年黑格尔派、真正的社会主义者、历史法学派、蒲鲁东主义者、拉萨尔主义者、工联主义者、巴枯宁主义者等的论战，又有列宁、斯大林与崩得分子、民族文化自治论者、民族自决权的歪曲者和反对者、党内和国内大民族主义者和地方民族主义者等的论战。

具体而言，以德国作家、历史学家、语言学家恩斯特·莫里茨·阿恩特为代表的“德意志狂”、以布鲁诺·鲍威尔为代表的青年黑格尔派以及所谓的真正的社会主义者极力宣扬德意志民族的至上、优越，表现出强烈的民族偏见。对此，马克思恩格斯严厉予以批判，既揭露了这种倾向的民族利己主义实质，又表达了马克思主义者倡导民族平等的立场原则；布鲁诺·鲍威尔等反犹太主义者极端仇视犹太人，有的地区甚至发展到驱逐、灭绝犹太人的地步。对此，马克思恩格斯表示坚决反对，既揭露了反犹太主义者借此维护没落阶级统治的目的，又表达了马克思主义者追求民族进步的愿望；针对历史法学派的创始人胡果否认民族特点存在的怀疑论断、针对蒲鲁东主义者以否认民族特性来否定民族运动及宣扬法兰西民族至上的企图，马克思恩格斯明确表示反对。马克思恩格斯强调，胡果等人的言论是典型的民族虚无主义表现，民族、民族特性的存在是不争的事实；针对第一国际内部蒲鲁东主义者、拉萨尔主义者、工联主义者、巴枯宁主义者以及彼得·福克斯、伯恩斯坦等人割裂民族主义运动与无产阶级革命的关系，意图美化或维护俄、普、法、英等国对弱小民族的压迫和统治，混淆革命的民族主义运动与反动的民族主义运动的性质和作用等等言论和表现，马克思恩格斯与他们展开激烈论战，既表明了马克思主义者支持革命的、进步的民族主义运动以反对任何剥削和压迫的坚定立场，又强调了民族主义运动与无产阶级革命的内在互动关系。

而列宁和斯大林则对崩得分子提出的联邦制建党原则进行了严厉批判，既揭示出崩得分子的民族主义实质，又强调和坚持了无产阶级的民主集中制建党原则；与布尔什维克党的杰出活动家斯·格·邵武勉展开论战，既批判了他混淆联邦、自治、自决这三个不同概念的错误言论，又明确指出了民族自决权的真正内涵；与第二国际内部罗莎·卢森堡、布哈林、彼·基辅斯基展开论战，驳斥了他们提出的“在帝国主义时代再提民族自决权是老生常谈”“赞成民族分离就是赞成被压迫民族的资产阶级民族主义”“自决权在社会主义制度下是多余的”“马克思主义者不承认民族自决权，只承认各劳动阶级的自决权”“向没有工人的殖民地提出民族自决权是荒唐的”等错误观点，阐明了民族自决权的时代意义、马克思主义者在对待被压迫民族的资产阶级民族主义问题上所坚持的辩证性原则、自决权在社会主义社会的适用性、民族自决与劳动阶级自决的阶段性和根本性关系、民族自决权的适用对象等；批判了崩得分子、高加索的取消派、俄国“左倾”民粹派等所推崇的民族文化自治纲领，既明确指出其不过是一个民族改良主义的纲领，又强调了无产阶级的政治使命和构建各民族的共同文化的要求；对波特利索夫、阿克雪里罗得、考茨基等社会民主党人维护本国或其他国家对外侵略的卑劣行径坚决予以反对，既把他们划归为社会民族主义者、社会沙文主义者，又表明了马克思主义经典作家在对待被压迫民族民族主义运动上的立场、态度；批判了党内和国内具有大俄罗斯民族主义和地方民族主义特别是地方沙文主义倾向的党员和民众，表达了马克思主义经典作家在社会主义条件下铲除民族主义残余的坚定信心和决心。

总之，相关论战既涉及对待他民族的情绪、态度问题，又涉及有关建党原则、民族国家建构形式、民族主义运动的问题，还包括民族自决权赋予问题等，正是这一切构成了完整的马克思主义经典作家民族主义理论。

二、阶级性

阶级斗争学说在马克思主义理论中居于核心、领导地位。在马克思主义经典作家看来，自有文字记载以来的全部人类历史都是阶级斗争的历史。所谓各民族之间、各社会之间以及各民族内部、各社会内部之间的种种斗争，甚或革命与反动、和平与战争、发展与停滞的更替演变，其矛盾促发点都集中于每个社会所分成的各阶级的生活状况和生活条件的不同。①因此，在马克思主义经典作家看来，当发生真正严肃而深刻的政治问题时，人们都是按阶级而非按民族进行划分和组合。陈玉屏教授就此曾谈道："尽管马克思、恩格斯、列宁、斯大林在摆放'阶级'与'民族'的关系时，对'阶级'范畴问题强调的程度略有差别，但我们可以清晰地看到，经典作家的基本倾向，那就是：阶级、阶级斗争与无

①参见 1914 年列宁所著《卡尔·马克思》一文.

产阶级革命的思想理论在马克思主义理论体系中具有统揽全局的地位，有关民族的根本问题都必须置于阶级斗争和无产阶级革命的视界中进行观察和认识；民族的根本问题的解决是以阶级斗争和无产阶级革命的根本问题的解决为先决条件的；对民族问题的判定和处理必须服从于、服务于阶级斗争和无产阶级革命利益的需要。”[①]正基于此，马克思主义经典作家更多是将民族主义置于无产阶级革命事业的宏观环境中进行研究的。

马克思主义经典作家不是民族主义者。马克思主义经典作家或批判或肯定或借助民族主义，实际上都是为取得无产阶级革命的胜利、最终实现共产主义服务，这根主线始终统领理论和实践发展的走向。马克思主义经典作家曾明确强调，“资产阶级总是把自己的民族要求提到第一位，而且是无条件地提出来的。无产阶级认为民族要求服从阶级斗争的利益”[②]，“无产阶级……从工人的阶级斗争着眼来估计一切民族要求，一切民族的分离”[③]，“民族权利问题并不是一个独立自在的问题，而是无产阶级革命总问题的一部分，它服从整体，要求从整体的观点来观察。”[④]这就是说，在马克思主义经典作家看来，民族利益和民族要求的价值的大小必须依它们把无产阶级的阶级觉悟和阶级斗争向前推进了多少或能向前推进多少而定，把是否符合无产阶级革命斗争的

①陈玉屏.关于阶级、民族与民族主义的思考[J].西南民族大学学报，2006(5).

②列宁全集：第25卷[M].北京：人民出版社，1988:238.

③列宁全集：第25卷[M].北京：人民出版社，1988:239.

④斯大林全集：第6卷[M].北京：人民出版社，1964:124.

整体利益看作支持或反对某种民族主义的重要评判标准。马克思主义经典作家并非一概支持任何民族自决要求，其严格区分不同性质民族主义运动就是基于上述考虑。

马克思主义经典作家有关民族主义的论述完全代表的是无产阶级和广大被压迫民族中的劳苦大众的利益和心声。马克思主义经典作家反对资产阶级民族主义对无产阶级国际主义事业的破坏，强调无产阶级不分民族的国际团结，强调无产阶级的阶级使命，要求全世界无产阶级团结起来消灭资本主义私有制；马克思主义经典作家反对资产阶级假借“全民利益”煽动民族主义情绪，实行民族剥削和民族压迫的罪恶行径；积极谋求各民族的完全独立和真正平等，尊重各民族的合法权益和要求，赋予一切被压迫民族以民族自决权，但又强调必须辩证对待被压迫民族的资产阶级民族主义；坚决支持被压迫民族反压迫的革命斗争，但坚决反对被压迫民族上层资产阶级谋求特权的企图；马克思主义经典作家号召全世界无产者和被压迫民族团结起来，为实现民族独立、平等，为创建一个物质财富极大丰富、消费产品按需分配、社会关系高度和谐、人们精神境界极大提高、每个人自由全面发展的新社会共同奋斗。

三、具体性

“马克思和恩格斯对待一般民族问题总是采取严格的批判态度，认为这个问题只有相对的历史意义”①，“在分析

①列宁全集:第25卷[M].北京:人民出版社,1988:264.

任何一个社会的问题时，马克思主义理论的绝对要求，就是要把问题提到一定的历史范围之内；此外，如果谈到某一国家（例如，谈到这个国家的民族纲领），那就要估计到在同一历史时代这个国家不同于其他各国的具体特点”[①]，“民族问题不能认为是什么独立自在的，一成不变的问题”[②]。这些观点直接表明了马克思主义经典作家在民族问题上的原则态度，那就是坚持具体的、历史的分析方法。作为马克思主义民族理论重要组成部分的马克思主义经典作家民族主义理论即很好地体现了这一点。

从前述马克思主义经典作家有关民族主义的论述可以看出，马克思主义经典作家对民族主义的批判和否定是主要的。因为在马克思主义经典作家看来，民族主义本质上是资产阶级的，它是资产阶级的意识形态和思想观点、是资产阶级维持统治地位的最后阵地。但更关键的原因是，民族主义是民族隔阂、民族压迫等等的制造源，既无益于民族平等、民族联合的实现，更破坏着无产阶级不分民族的国际团结，腐蚀着无产阶级的革命斗志（如：国际内部社会民族主义者的产生），是马克思主义经典作家“在宣传无产阶级国际主义时遇到的最强有力的敌手”[③]。总之，如陈玉屏教授所言：“经典作家对民族主义持否定、批判态度的原因不仅在于其本质，而且还在于其本质所决定的社

①列宁全集：第25卷[M].北京：人民出版社，1988：229.

②斯大林全集：第4卷[M].北京：人民出版社，1956：140.

③陈玉屏.关于阶级、民族与民族主义的思考[J].西南民族大学学报，2006(5).

会作用”[①]。但即便如此，这并不妨碍马克思主义经典作家支持包含民主进步因素的民族主义：马克思主义经典作家肯定资本主义上升时期的民族主义所具有的反对封建主义、反对民族压迫的历史进步性，支持被压迫民族谋求民族独立解放的革命民族主义运动；并不妨碍马克思主义经典作家对资产阶级民族主义的基本主张——民族自决权进行马克思主义的改造，以使其为被压迫民族的解放事业、为无产阶级的国际主义事业服务。马克思主义经典作家强调，马克思主义者承认民族自决权，但并非支持任何民族自决要求，而要根据无产阶级革命的需要、根据实现自决的具体方式、根据人民群众的根本利益来决定。且在实现自决的过程中，压迫民族的无产阶级和被压迫民族的无产阶级有着各自不同的职责和目标。

特别以爱尔兰民族解放的杠杆安放问题为例来进一步做出论证。英国是马克思和恩格斯最早接触工人阶级的地方，也是他们认为最有可能首先获得无产阶级革命胜利的地方之一。这里的工业发展速度很快，因此阶级矛盾特别尖锐且无产阶级力量相对雄厚。所以马克思和恩格斯得出爱尔兰的解放有赖于英国、有赖于英国无产阶级革命的胜利。但在随后的历史发展进程中，英国无产阶级并没有表现出马克思和恩格斯所设想的彻底的革命性，一部分工人阶级受经济利益的驱使而成为英国资产阶级自由派的走狗。英国无产阶级革命逐渐消沉，而爱尔兰的民族主义运动却

①陈玉屏.关于阶级、民族与民族主义的思考[J].西南民族大学学报,2006(5).

异常活跃。于是马克思和恩格斯根据变化了的形势重新修正了自己过去的观点，转而把爱尔兰民族主义运动的胜利看作使英国无产阶级革命复苏的有力促发点。马克思恩格斯这种理论与实践相结合、如实反映、及时调整的严谨学术态度令人称道。

第五章 现实思考

“文本解读与现实思考”是当前经典著作的基本研究范式。本章在前述马克思主义经典作家民族主义基本理论观点的基础上，将进一步探寻马克思主义经典作家民族主义理论的时代价值，并试图通过对前苏东社会主义国家、中国的民族主义问题的研究，从中得出一些有益启示。

第一节　马克思主义经典作家民族主义理论的时代价值

马克思主义经典作家的民族主义理论有着重要的时代价值，既有力回击了部分西方学者在马克思主义–民族主义问题上的偏执论断，也为当前的世界民族主义理论与实践提供了学理上的参考。

一、有力回击了部分西方学者在马克思主义–民族主义问题上的偏执论断

在涉及马克思主义–民族主义问题研究的西方学者群中，有部分学者倾向于批判、否定马克思主义经典作家有关民族主义的论述。其中较具代表性的是汤姆·奈恩、巴特摩尔（Tom Bottomore）和罗纳尔多·蒙克。汤姆·奈恩在其所著《不列颠的解体:新民族主义的危机》一书中明确宣称：民族主义理论表现了马克思主义的巨大历史性失败。他认为，虽然马克思主义在其他方面也有失败，但都与它在民族主义问题上的失败无法相比。而且这种失败不仅表现在理论上，也表现在实践上。[①]巴特摩尔（Tom Bottomore）在其所著《麦克莱伦的社会学，马克思：第一个 100 年》一文中指出马克

①Tom Nairn. The Break-up of Britain :Crisis of Neo-Nationalism[M].London: NLB,1981.

思主义者对民族主义现象的研究分析贡献不大，认为他们倾向于忽视或否定这种研究的实际价值。[①]罗纳尔多·蒙克在其所著《马克思在21世纪——晚期马克思主义的视角》一书中谈道："尽管生活在民族主义的时代，马克思和恩格斯却鼓吹国际主义，而且可能夸大或过高估计了其对世界的同质化影响"。他说，"和对待宗教一样——马克思关于宗教的名言是'人民的鸦片'，马克思常常认为民族主义是蒙在人民眼睛上的面纱，一种掩盖真正阶级斗争的虚假意识。民族主义属于主观的领域，而阶级等级则无论如何都是更为客观性的与物质性的现象"。同时，蒙克还指出，马克思主义关于民族主义的观点具有明显的欧洲中心主义和男权主义倾向，忽视了对非欧洲民族和国家的民族主义问题的关注，忽视了对女性权利和地位的关注[②]。

实际上，马克思主义经典作家不仅关注过民族主义问题，而且是民族主义研究的主要学派之一[③]。马克思、恩格斯特别是列宁和斯大林有关民族主义的一系列论述，构成了马克思主义经典作家的民族主义理论。他们有关民族主义的一系列理论观点，不仅有助于认识和解决当时历史条件下的

---

① Tom Bottomore.Sociology in D.MeLellan (ed.),Marx:The First 100years[J]. Fontana,London,1983.

②罗纳尔多·蒙克.马克思在21世纪——晚期马克思主义的视角[M].张英魁，王亚栋，张长虹，译.南京:江苏人民出版社，2011.

③对此，英国伦敦经济学院民族主义与族群研究荣誉退休教授，《民族与民族主义》学术杂志主编，族群与民族主义研究会主席安东尼·史密斯在其所著《民族主义理论》一书中就指出，马克思主义者不仅对民族主义问题有研究，而且在近几十年以前，马克思主义是在连续性上最好的民族主义研究学派。

民族主义现象与问题，而且对当今世界民族主义问题也有着重要的启示和指导意义。

二、有关视角、方法、基本观点的当代价值

马克思主义经典作家研究民族主义的有关视角、方法、基本观点，对于认识和解决当代世界民族主义问题仍然有着重要的指导意义。

（一）用阶级视角分析民族主义的有效性

理性审视，以美国为首的西方发达资本主义国家不时打着“自由”“人权”等旗号干涉别国内政，公然挑衅主权独立原则，在众多弱小民族国家中激起民族主义情绪，这其中实际上包含着阶级斗争的成分。至于我国国内的民族分裂主义以及西方国家对这些活动的支持，更是阶级矛盾在民族问题上的集中表现。我国国内的民族分裂主义是由一部分仇视社会主义、抗拒共产党领导的敌对分子发起的，是剥削阶级残余的垂死反抗，严重困扰我国边疆地区的稳定和国家的统一。而西方发达资本主义国家鉴于苏联东欧剧变中民族主义对分裂社会主义的巨大威力，于是进一步加紧对我国民族宗教问题的舆论渲染，并通过给予达赖喇嘛等人以政治庇护、授予达赖喇嘛诺贝尔和平奖、对台销售武器等措施支持“疆独”“藏独”“台独”分子的分裂活动。中国共产党人对境内外敌对势力的这种分裂行径有着高度的政治警觉，在明确了其敌我矛盾性质的基础上，一刻也不放松对这些分裂活动的打击；制定出相应的长期规划和短期应急机制，以极力维护国家的统一、社会

的安定，从而为中国特色社会主义建设事业的纵深发展创造良好的内外环境。

（二）区别对待民族主义的方法的当代适用性

当前一提到民族主义，人们便会联想到麻烦、混乱、冲突、危机、战争等等。的确，自20世纪90年代以来，更确切地说是自冷战结束以来，民族主义的贬义化色彩得到极大突显，其更多成为局部战争、地区冲突的重要诱因。一些民族、地区基于历史遗留或现实遭遇等多种原因而促发民族主义情绪，掀起各式民族纷争。其中活跃于中东、北非、中亚、南亚等地的伊斯兰极端主义、科索沃战争、车臣冲突、北爱尔兰独立运动等等，都属此类。这些民族主义运动不仅严重威胁所在国家和地区的团结与统一，而且影响到国际社会的安全与稳定，自然成为人们予以反对的对象。但这并不是说当前的民族主义都是狭隘、极端、起消极作用的。这就要求人们必须像马克思主义经典作家那样，区别对待民族主义，既要看到其消极的方面，但也要看到其所带来的积极影响。

当前民族主义的积极性、进步性主要体现在如下两个方面：一是民族主义是保持国家政权合法性的重要手段。当前无论是单一民族国家抑或多民族国家的执政党都公开强调他们是民族利益的代表，并着力于维护和保障国内民族成员的权益，这其实是对民族主义的一种借助。因为民族主义的根本主张就是对本民族利益的尊崇和维护，执政党通过对民族主义这一主张的本国运用，从而获得本国国内各族人民的支持和拥护，以保证国家政权的合法性存在。二是民族主义在民族国家内部能够激起广泛的民族认同，起到凝聚和动员作用。民族主义的典型特征就是“你们”和“我们”的明确界分，即根据地域、语言、风俗等区分出本民族与他民族，进而着重强调本民族的独特价值和地位。民族主义对本民族特征的这种强调，虽然可能引起排外和敌视等不良情绪，但一定程度上却有利于（多）民族国家的对内发展和对外交往。当然前提是此时的“民族”应该是以国家为单位的民族，如中华民族。就内部发展而言，对以国家为单位的民族独特性的强调，能够使国内各族人民群众团结起来，共同致力于国家的建设事业，促进国家的繁荣昌盛；就对外交往而言，对以国家为单位的民族独特性的强调，能够使国内各族人民群众团结起来，共同抵御国际交往中的各种不公，维护国家的合法权益和地位。

（三）对泛斯拉夫主义的批判有助于辨识当前的极端泛民族主义

在马克思恩格斯有关民族主义运动的论述中，涉及对泛斯拉夫主义的认识问题。马克思和恩格斯对泛斯拉夫主义持严厉批判态度，他们通过对斯拉夫人的历史与现状的描述、通过对泛斯拉夫主义者实践活动的目的和影响的分析，揭露了泛斯拉夫主义反历史、反革命的性质。当今时代，极端泛民族主义仍然存在，如泛突厥主义和泛伊斯兰主义。因此，马克思恩格斯用于分析当时极端泛民族主义——泛斯拉夫主义的理论观点，完全可以作为我们辨识当今极端泛民族主义的有力切入点。

马克思恩格斯曾谈到，泛斯拉夫主义者主张建立一个纯粹的斯拉夫人大帝国，这是充满幻想、逆历史潮流而动的。因为曾经统一的斯拉夫人在德、匈、土入侵之后早已分崩离析，现在身处不同（多）民族国家的斯拉夫人如若要实现重组，则意味着这些现存（多）民族国家的肢解，而这是不现实的，也不利于国际局势的稳定。而且曾经的斯拉夫人在被划归不同的（多）民族国家后，已逐渐接受了当地的风俗习惯等，这就说明建立纯粹斯拉夫人大帝国的民族基础已不存在。泛突厥主义、泛伊斯兰主义与泛斯拉夫主义一样，也主张建立跨地域、跨国界的大突厥斯坦国或伊斯兰大帝国。但事实上，犹如马克思恩格斯分析泛斯拉夫主义那般，当前操突厥语的人遍布俄罗斯、土耳其、阿富汗、伊朗、中国及中亚诸国，信奉伊斯兰教的穆斯林遍布中东、亚洲、北非等广大地区，在这种情况下，强行拆分组合不仅不具有现实的可操作性，而且必然会遭到现存主权国家的抵制和反抗。再者，散居于不同国家和地区的突厥人和穆斯林，经过长久的发展，早已丧失自己的民族特性，所谓“跨国民族”更多时候只是一个头脑中、意识中的历史概念，而非现实存在。

其次，马克思恩格斯指出，泛斯拉夫主义者为了实现自己所谓的独立梦想，与专制主义和反动势力相勾结，公然寻求沙皇俄国的庇护，表现出极大的反动性和反革命性。而今的泛突厥主义和泛伊斯兰主义已然成为一些国家中的民族分裂主义势力、宗教极端主义势力开展活动的理论依据，其反动性同样昭然若揭。以中国新疆为例，自 19 世纪末 20 世纪初泛突厥主义和泛伊斯兰主义传入中国之后，就得到了新疆地区民族分裂分子的大力响应。他们借以建立所谓"东突厥斯坦"国而在广大人民群众中间不断煽动民族分裂情绪，制造民族分裂活动。特别是那些极端"东突"势力，他们通过爆炸、投毒、袭击、暗杀、纵火、骚乱、暴乱等方式屡屡制造暴力恐怖事件，严重危害新疆地区人民群众的生命财产安全，性质极其恶劣。包括俄罗斯、中国在内的众多国家一直在积极致力于抵制"东突"恐怖主义，以维护国际秩序的稳定。

当然，并非所有泛民族主义都是极端的、反动的，国际社会出现的泛阿拉伯主义、泛非主义和泛欧主义等，其初衷很大程度上是为了更好实现这些国家和地区的联系与合作而努力唤起或人为建构所谓民族认同。

（四）有关民族自决权的主张为当前民族自决权的运用提供了参照原则

兴起于欧洲的民族自决权思想在历史的变迁中早已突破一区一域向世界各地蔓延。1945 年《联合国宪章》首次正式确立民族自决权是具有法律约束力的国际法基本原则，"发展国际间以尊重人民平等权利及自决原则为根据之友好关系，并采取其他适当办法，以增强普遍和平。"后在 1952 年第七届联合国大会通过的《关于人民与民族的自决权》中、1960 年第十五届联合国大会通过的《给予殖民地国家和人民独立宣言》中以及 1970 年第二十五届联合国大会通过的《关于各国依联合国宪章建立友好关系及合作之国际法原则之宣言》等等一系列文件中都重申和进一步完善了民族自决权原则的相关规定。民族自决权作为国际法的基本原则之一得到国际社会的普遍认可。

民族自决权的国际确认有着重要的历史意义，从此民族自决权的运用变得有法可依，不再是某些西方大国独享的特权。但与此同时也导致民族分离和叛乱活动的愈加猖獗，许多多民族国家内部的民族分离主义者或叛乱分子以"民族自决权"的名义对国家主权提出挑战，严重影响现存多民族国家的完整和独立。因此，民族自决权运用的合理合法性问题，抑或说什么情况下适用民族自决权的问题，成为当前急需做出明确界定的重大问题。而马克思主义经典作家特别是列宁对民族自决权的有关分析，有助于这一问题的解决。

在马克思主义经典作家有关民族自决权的论述中包含两个要点：其一，马克思主义者承认民族自决权的前提条件是有民族压迫的存在，列宁曾从国际、国内两个方面做出过说明。他讲到，自进入帝国主义阶段后，少数西方大国进一步加强了对其他弱小民族和国家的侵略和迫害，整个世界被划分为少数压迫民族和大多数被压迫民族。因此，出于对少数压迫民族的侵略、迫害行为的反抗，应该赋予大多数被压迫民族以民族自决权；而就俄国国内而言，沙皇君主还统治和压迫着大多数民族，为了这些民族的独立和平等，也应该赋予他们以民族自决权。也就是说，民族自决权是铲除民族压迫、实现民族独立和平等的重要手段。其二，在铲除了民族压迫、实现民族独立和平等后，马克思主义者更希望各民族能自愿地联合起来建立统一的大国。因为无论从经营还是管理来看，大国都比小国更有利。这也是为什么在建立起苏维埃社会主义联邦共和国后，苏联领导人更强调民族自治和民族发展，而逐渐淡化民族自决的重要原因。当今世界，殖民体系已然瓦解，大规模的民族压迫已不存在，多数民族已建立起属于自己的民族国家，抑或演变为各独立主权国家的内部成员，享受作为该国公民的相关待遇。这时，按马克思主义者的分析思路来看，维护民族国家的独立、统一和强大应该成为各民族的主要任务，他们对民族自决权的使用更多应该是出于对国家主权的保护。当然，受历史（如强迫并入某国版图）或现实（如遭受极不平等对待）等多方面因素的影响，有些民族以民族自决权作为理论依据强烈要求脱离所在国，其实也并非不可。马克思主义者历来强调平等、自愿基础上的联合，在实难确保该民族平等、自愿的情况下，马克思主义者尊重各民族的分离意愿，但必须以该民族最大多数人的同意为前提。因为很多民族分离活动未必反映了该民族全体人民的共同心声，它往往代表的是某个人、某些人或某个集团的利益要求。如若真是这样，分离出去的民族的发展前景不会太乐观，反而会成为新的民族矛盾的制造源。

（五）对爱国主义的界定成为评价民族国家利益诉求合理与否的重要标准

资产阶级民族民主革命时期，资产阶级以“民族自决”为口号，谋求建立独立民族国家。在推翻封建统治、建立起统一的民族国家后，资产阶级又以“保卫祖国”为口号，即主张爱国主义。马克思主义经典作家同样有着浓浓的爱国情怀。早在 1843 年，面对仍处于封建专制下的德国，马克思即表达了对祖国落后状态的痛心：“根据这里的和法国的报纸来判断，德国已深深地陷入泥潭，而且会越陷越深。我向您担保，连丝毫没有民族自尊心的人也会感到这种民族耻辱”[①]，并为那些至今尚未认识到德国的愚昧、落后而盲目拥护国家制度和普鲁士政府的人感到悲哀，他将人们的这些表现定义为是空洞的爱国主义。同时强调德国哲学的任务不是去预设、构思未来，而应该是对现存的一切进行无情批判。而列宁的爱国情愫更为饱满，他在1914年所写的《论大俄罗斯人的民族自豪感》一文中谈道：“我们爱自己的语言和自己的祖国，我们正竭尽全力把祖国的劳动群众（即祖国十分之九的居民）的觉悟提高到民主主义者和社会主义者的程度。我们看到沙皇刽子手、贵族和资本家蹂躏、压迫和侮辱我们美丽的祖国而感到无限痛心”[②]，表达了对祖国奴隶般的过去和奴隶般的现在的悲悯。在十月革命胜利后，当建立起苏维埃政权后，列宁更是直呼：“现在从1917年10月25日起我们是护国派，从这一天起，我们主张保卫祖国”[③]，以此号召国内各族人民同各种反对苏维埃政权的势力做斗争。但需要明确的是，马克思主义经典作家的爱国主义，或者说他们对爱国的认识并不止于此。实际上，他们要求对爱国主义做具体分析，明确区分盲目、偏狭的爱国与理性爱国的

①马克思恩格斯文集：第10卷[M].北京：人民出版社，2009：5.

②列宁全集：第26卷[M].北京：人民出版社，1990：109.

③中国人民解放军军事科学院.列宁军事文集[M].北京：中国人民解放军战士出版社，1981：430.

本质差异。还是在《论大俄罗斯人的民族自豪感》一文中，列宁强调，大俄罗斯人保卫祖国的唯一办法就是要反对沙皇的侵略战争，期盼这些战争归于失败，以防沙皇政府用一些所谓的爱国言词来掩饰可耻罪行。除此之外，列宁对帝国主义者和社会民族主义者（社会沙文主义者）所谓“保卫祖国”的虚假言论的批判及对其侵略、压迫实质的揭露（具体内容在“列宁对社会民族主义者的批判”一目中已做详细介绍），也同样是基于这种考虑做出的反应。总之，在马克思主义经典作家那里，“关于祖国和保卫祖国的原理不可能在一切条件下都是同样适用的”①，以损害别国独立统一及其他合法权益为代价的那种爱国主义，是马克思主义经典作家坚决予以摒弃的。

当前，各民族国家都在大力弘扬爱国主义，一方面用以增强本国内部各民族之间的凝聚力和向心力，防止民族分裂主义的蔓延；另一方面用以维护本国的主权独立与完整，保障本国在国际社会的各项权益。这些本身无可厚非，但事实上，在具体的执行或实现过程中并非所有的爱国表现都是合理的。这就需要对多样的爱国表现加以甄别，马克思主义经典作家对爱国主义的界定即为此项工作提供了有效的评价标准：在任何时候，爱国都是有限度的，是需要理性支撑的。那些为了所谓的本国利益诉求而忽视甚至损害其他利益相关体或全世界人民的共同利益的爱国主义，自然应该划归马克思主义经典作家所言盲目、

①列宁全集：第35卷[M].北京：人民出版社，1985：238.

偏狭的爱国主义之列，是需要打击的对象。当前有些西方大国经常打着爱国主义旗号干涉他国内政、争夺别国固有领土和资源，其爱国的虚假性、自私性昭然若揭。

第二节 社会主义与民族主义

"20世纪中后期以来，社会主义都是在民族国家框架下发展的，可以说，离开民族主义的社会主义是不存在的"[①]。因此，社会主义与民族主义的关系问题自是马克思主义与民族主义研究中一个不能绕开的重要课题。本节将集中对原苏东社会主义国家的聚与裂、中国共产党人对民族主义的认识和处理做些分析，以期从中得出一些有关社会主义与民族主义关系的有益启示。

一、苏东社会主义国家的聚与裂

苏联东欧剧变虽已过去几十年了，但原苏东社会主义国家的发展史绝对是世界社会主义运动中的重要一篇。因此，谈及社会主义与民族主义，首先需要提到的就是原苏东社会主义国家。民族主义在原苏东社会主义国家产生了不同的影响，它曾是俄国十月革命胜利的重要推手，但最终却对基于国际主义原则下进行交往的原苏东社会主义国

①庞中英，彭萍萍.关于全球化·社会主义·民族主义关系的对话[J].当代世界与社会主义，2002(4).

家产生了巨大冲击，成为苏联东欧剧变的重要致因。其中既有苏联内部大俄罗斯民族主义与地方民族主义的交互作用，又有苏联大党、大国主义与东欧国家民族主义的矛盾对峙，还包括东欧各社会主义国家内部大民族主义与小民族主义的抗衡。

（一）民族主义是俄国十月革命胜利的重要推手

自 1547 年莫斯科大公伊凡四世将莫斯科公国改称沙皇俄国伊始，这个国家对外侵略扩张的步伐就再也没有放慢过。到20 世纪初沙俄已是一个横跨欧亚两大洲的军事封建帝国主义国家，纳入其版图的民族达 100 多个。在这众多的民族中，除占人口总数约 43%的大俄罗斯人外，其余各族都被看作“异族”，遭受着空前残酷的剥削和压迫。列宁就曾对此做出形象比喻，他称沙俄是各族人民的牢狱，认为其“打破了民族压迫的世界纪录”[①]。

面对被压迫民族的上述悲惨境遇，列宁等人表达了深深的同情，并对被压迫民族反抗民族压迫、谋求民族平等自由和民族解放的民族主义运动给予了大力支持。1902 年列宁在《俄国社会民主工党纲领草案》中明确规定：“承认国内各民族的自决权”。列宁强调，由于资产阶级与民族反动派及普利什凯维奇之流结成联盟出卖民主，施行民族压迫和民族不平等，因此，只有无产阶级才坚持真正的民族平等和自由，而最能体现这一点的就是无产阶级承认民族自决权。因为，在当时的历史条件下，承认民族自决权

① 列宁全集：第 22 卷[M].北京：人民出版社，1990：354.

既是对国际民主主义原则的坚持，更是对俄国国内反沙皇统治斗争的支持和肯定。

承认民族自决权，事实上不仅迎合了被压迫民族一直以来要求民族自决、民族独立的愿望，更加激起了被压迫民族反抗沙皇统治的热情，有助于被压迫民族摆脱沙皇的空前压迫，而且促进了无产阶级革命任务的完成。这是因为，在十月革命前，推翻沙皇专制也是无产阶级的革命任务之一。有资料显示，1916年，在中亚细亚、哈萨克斯坦、塔什干、乌兹别克斯坦、吉尔吉斯斯坦等地相继爆发了反对沙皇专制、反对第一次世界大战的民族起义。其中规模最大、影响最深、坚持最久的是发生在哈萨克斯坦的土耳盖（今阿克纠宾斯克）的、由阿曼格利德·伊玛诺夫领导的民族起义。阿曼格利德·伊玛诺夫等起义者向乡政权机关以及警察据点发起攻击，销毁了沙皇政府的征调名册（尼古拉二世下令征调19至43岁的帝国异族男性从事军事后勤工作），撕碎了沙皇的画像，并痛打了地方当权者。为此沙皇讨伐队甚至动用了大炮予以镇压，但也未能奏效。这些民族起义极大地撼动了沙皇统治的根基。

1917年二月，在工人、士兵、群众、政客等各方作用下，沙皇统治终被推翻，罗曼诺夫王朝覆灭。这时俄国出现了工兵代表苏维埃和资产阶级临时政府两个权力中心。资产阶级临时政府完全继承了沙皇统治时期的政策主张，继续保持对他民族的压迫，强烈反对被压迫民族的任何自决要求，边疆少数民族对此甚为不满。在这种反差之下，布尔什维克党制定的包括承认民族自决权在内的社会主义革命方针自然赢得了边疆少数民族的更大支持[①]。边疆少数民族与资产阶级临时政府展开斗争，充实了无产阶级革命的后备力量。列宁在《危机成熟了》一文中就曾描述道："在全俄政治生活中，除了土地问题以外，民族问题具有特别重大的意义。……我们看到，在策列铁里先生之流所伪造的'民主'会议上，'民族'代表团就激进性来说占第二位，仅次于工会代表团。"并指出，"在乌克兰，乌克兰人特别是乌克兰军队同政府的冲突日益频繁"[②]。除此之外，在芬兰、塔什干、白俄罗斯、南高加索等地也同样掀起了反对临时政府、以求民族独立与解放的革命运动。在芬兰，连同驻守当地的士兵和水兵都积极响应芬兰人民的独立愿望，拒绝执行临时政府的号令；在塔什干，不顾政府的禁止，数千人的群众大会得以召开。大会既做出了政权转归苏维埃的决议，又选举了临时革命委员会。会后人们还愤然逮捕了土尔克斯坦军区司令切尔克斯和其他临时政府官员。资产阶级临时政府严重受挫。

---

①美国东密歇根大学教授、历史学家沃尔特·G.莫斯也提道："在俄国的外省省会和帝国的非俄罗斯地区，布尔什维克于1917年夏末和秋初获得了越来越多的支持。……在临时政府的诸多失误中，其中之一是它未能推出一种具有号召力和连贯性的民族政策，而这样一种政策本来是可以满足日益强烈的非俄罗斯族人民对于自治(或狭义地说，对于独立)的要求的。这样一种要求来自规模和重要性大小不一的民族集团，来自如波兰、乌克兰、芬兰这样的地区。但政府在这个问题上的立场和其对于土地的政策立场极其相似：这个问题应当等待立宪会议召开解决。虽然许多非俄罗斯民族领袖不信任布尔什维克，承认民族自决权的列宁的民族政策，还是为布尔什维克争得了某些支持，或至少是争取了与某些非俄罗斯族人的合作。"——出自沃尔特·G.莫斯《俄国史》一书.

②列宁全集：第32卷[M].北京：人民出版社，1985：272—273.

综上，十月革命最终能够取得胜利，广大被压迫民族功不可没，民族主义自然充当了十月革命胜利的重要推手。列宁在十月革命前的整个历史时期内，针对民族自决问题就写了 40 多篇文章，这也从一个侧面印证了这一论点的正确性。总之，在无产阶级和广大被压迫民族的共同努力下，社会主义革命在人类历史上第一次吹响了胜利的号角。十月革命不仅使俄国进入了全新的发展阶段，而且鼓舞了其他国家和民族的斗争热情，从而开辟了人类历史发展的新纪元。

（二）国际主义是苏东社会主义国家交往的基本原则

苏联，世界上第一个社会主义共和国联盟，自1922 年 12 月 30 日宣告成立后便踏上了国内建设和对外交往并行的历史征程，并整整延续了近 69 年。在这 69 年的漫长岁月中，苏联与无数国家建立了或亲或疏的关系，其中与东欧八国（波兰、匈牙利、捷克斯洛伐克、保加利亚、罗马尼亚、南斯拉夫、阿尔巴尼亚、民主德国）的交往史不能不说是一段重要的历史记忆。在这段记忆里，既有团结合作的感人场景，也不乏战乱纷争的悲情时刻。此处要着墨介绍的就是苏东团结合作的那些片段。

反法西斯战争中苏东联合抗敌。1939 年第二次世界大战爆发，全球近 61 个国家和地区、约 19 亿人口卷入了这场战争，东欧八国自难幸免。其中匈牙利、南斯拉夫、保加利亚和罗马尼亚站到了以德国为首的法西斯轴心国一边，而波兰、捷克斯洛伐克以及阿尔巴尼亚则站到了以苏联为主力成员的反法西斯同盟的一边。当苏德战争爆发后，波兰、捷克斯洛伐克、阿尔巴尼亚配合了苏军的对德作战。而保加利亚虽与德结盟，但并未与其联手反苏，一定程度上也有利于苏联方面。在东欧国家支援苏德战场的同时，苏联军队也于1944年4月首先进入罗马尼亚，着手铲除东欧地区的法西斯势力。在苏联的帮助下，东欧各国先后获得解放，建立起了人民民主政权。

战后初期苏联帮助东欧各国共产党勇夺政权。第二次世界大战结束初期，多数东欧国家实际上转由本国共产党和本国参与反法西斯的资产阶级联合执掌政权。面对这种政治格局，资产阶级政党深感不快，不断对本国共产党进行挑衅，企图削弱共产党的权力甚至想要独揽大权，这就激起了共产党的坚决反抗。对于共产党的反抗斗争，苏联表示支持并给予了不同程度的帮助。这就为东欧各国共产党最终战胜资产阶级和其他反动派起了积极的促进作用。

战后苏联东欧加强经济互助。第二次世界大战结束后，苏联就着手帮助东欧恢复经济。有数字显示，1945—1949年，苏联供应了波兰5852万吨石油和石油产品，200多万吨铁矿，17万吨棉花，以及大量的煤气、锰和磷灰石。1946—1948年，苏联供应波兰粮食1009100吨。此外，苏联还不时为这些国家提供贷款，总计达280亿以上卢布。同时还与保加利亚、匈牙利等国签订了一系列经济互助与合作协定。不仅于此，为了建立更为“密切的经济联系”（经互会第一届会议上提出的建会宗旨），1949年苏联与保加利亚、匈牙利、波兰、罗马尼亚以及捷克斯洛伐克商议成立了经济互助委员会。在经互会成立后，苏东之间的贸易额直线上升，1954年东欧国家已占苏联对外贸易额的40%，远高于1938年时的

1.5%。在这种互通有无、优势互补的良性互动下，苏联和东欧社会主义国家的经济实力都得到了增强。特别是东欧社会主义国家，基本脱掉了底子薄、基础差的贫穷落后的“帽子”，与西方国家之间的经济差距大为缩小。

综上所述，苏东互助合作、团结抗敌的表现，既有他们出于对自身权益的维护而不得不为之的考虑，但也包含着真诚的国际主义因素，体现了苏东国家在交往中曾各自坚守的那份国际主义责任。特别是苏联，在第二次世界大战中虽损失惨重，但仍尽最大努力拿出尽可能多的粮食、石油、贷款等来帮助东欧国家，这种国际主义精神完全值得称道。

（三）民族主义是导致苏联东欧剧变的重要原因

虽然苏联和东欧曾有过共进繁荣的辉煌经历，但最终却还是走向了分崩离析。苏联东欧剧变，这场如狂风暴雨般的骤变，使多少人心中美好的共产主义愿望瞬间破碎。回首这段惨痛的历史，至今还让人百感交集。毋庸置疑，造成苏联东欧剧变的原因是多方面的，但无论怎样，民族主义的泛起都是不能忽视的重要原因。而其又至少有三个层次的表现：

首先，在苏联内部，大俄罗斯民族主义与地方民族主义交互作用。萌生于沙俄时期的大俄罗斯民族主义和地方民族主义并没有随着十月革命的胜利而销声匿迹，反而在党内和国内得到不同程度的承继和发展。这也就是为什么列宁在十月革命后依然积极致力于反对两种民族主义的原因。而且在列宁看来，地方民族主义往往是大俄罗斯民族主义的被动反应，因此他把反对大俄罗斯民族主义放在了首要位置。但遗憾的是，列宁的理论主张在其逝世后并未得到很好贯彻。从

20 世纪 30 年代开始，斯大林的大俄罗斯民族主义倾向逐渐显露。他强迫波罗的海三国并入苏联，并继续不断扩大苏联的领土面积；他表面上承认联邦制，但却独揽大权，实行高度集中的中央集权制，削弱甚至剥夺了各加盟共和国（除俄罗斯联邦外）的自主权利；他公开为沙皇过去侵略扩张的丑恶行径辩护，声称沙皇伊凡、彼得一世、亚历山大·涅夫斯基、季米特里·顿斯科一等是伟大的、英明的先辈；他大肆渲染俄罗斯民族在反法西斯战争中的作用，把俄罗斯奉为“苏联各民族中最杰出的民族”，忽略以至抹杀了其他民族的历史贡献；他开展所谓“肃反”运动，清洗了大批被冠以“资产阶级民族主义者”“参加反苏民族主义恐怖组织”等莫须有罪名的无辜少数民族干部和知识分子；他大搞民族迁移，强迫十几个少数民族、数以万计人远离家园、奔赴其他地区，致使这些移民遭受了常人难以想象的艰辛，同时也给日后许多民族纷争的发生埋下了极大隐患。斯大林之后的赫鲁晓夫和勃列日涅夫时期，基本上延续了斯大林时期对待和处理民族问题的态度和政策，大俄罗斯民族主义倾向愈演愈烈。斯大林等苏共领导人的大俄罗斯民族主义倾向，伤害了少数民族的感情，践踏了他们的尊严，自然激起了这些民族的民族主义情绪，也使俄罗斯民族与少数民族之间的隔阂、不信任进一步加深。但囿于当时国家管理体制的集权化和意识形态斗争优先性的现实，地方民族主义还相对较弱，甚或还处于潜伏状态。但自戈尔巴乔夫开始推行所谓“民主化”改革，倡导指导思想多元化、实行多党制和议会政治，从而否定了马克思主义的思想主导作用、动摇了苏共的领导核心地位后，宽松的政治环境促使各种尘封、压抑的民族主义情绪迅速被调动起来，地方民族主义运动顺势高涨，国内政局走向混乱和动荡。各种分离主义势力更是乘机造势，强行并入苏联的波罗的海三国首先要求脱离苏联独立，至此拉开了苏联解体的序幕。而以叶利钦为代表的俄罗斯民主激进派要求摆脱其他民族羁绊（俄罗斯经常援助其他经济、文化相对落后的少数民族地区）、复兴俄罗斯的民族本位主义则直接加速了苏联解体的进程。

其次，在苏联与东欧国家之间，苏联大党、大国主义与东欧国家民族主义矛盾对峙。虽然苏联在东欧国家推翻法西斯统治、确立共产党的领导地位、恢复和推动东欧经济发展等方面曾给予了人道的、无私的国际主义援助，而东欧国家也曾真诚地、自觉地以维护苏联核心领导地位为己任，但这并不能掩盖双方在具体的合作发展过程中有着或深或浅的矛盾。特别是苏联的大党、大国主义表现，更是激起了东欧国家的民族主义情绪，使苏东由结盟最终走向分道扬镳。其中最能体现苏东这种对峙较量关系的莫过于南斯拉夫被赶出共产党和工人党情报局，1956 年的波兰事件、匈牙利事件以及 1968 年的捷克斯洛伐克事件。共产党和工人党情报局是由南斯拉夫提议，经过苏联、波兰、南斯拉夫、捷克斯洛伐克、匈牙利、罗马尼亚、保加利亚、法国和意大利等九个国家的共产党和工人党代表共同商议后成立的，其目的在于协调统一各党的活动和进行经验交流。从情报局初设时的情况看，各方关系都还算融洽，情报局的总部也选择设在南斯拉夫的贝尔格莱德。但仅仅几个月后，情报局各党就与南斯拉夫反目，将其开除出了情报局。对于南斯拉夫被开除的原因，情报局在其通过的《关于南斯拉夫共产党情况的决议》中做出了较详细说明，他们认为南共在最近的时期内犯下了多重“罪行”，包括：对苏不友好；放弃阶级斗争学说，陷入和平长入社会主义的机会主义理论认识中；党内缺乏民主气息，官僚主义严重；破坏各党、各国之间的平等关系，拒绝听取和接受苏共以及其他兄弟党的批评意见等等。但事实上，这些看似字字斩钉的所谓“罪行”，不过是掩人耳目的说辞罢了，根本原因还在于苏南关系的彻底破裂。造成苏南关系彻底破裂的症结就在于苏联在南斯拉夫探寻本国发展道路、处理与保加利亚和阿尔及利亚的外交关系等问题上横加干涉，而南斯拉夫又不甘于事事听命于苏联，在胶着对峙中双方最终全面崩盘。南斯拉夫被苏共扣上了“采取民族主义立场，走脱离反帝统一战线道路、走叛卖劳动人民国际团结事业道路”的帽子。不仅如此，苏联还在东欧其他国家发起清洗“铁托分子”、肃清“民族主义”的政治运动，意欲扼杀一切所谓“亲南”势力，以儆效尤。这场清洗殃及众多无辜。至于1956年的波兰事件、匈牙利事件以及1968年的捷克斯洛伐克事件，共同的矛盾促发点，还在于是否要始终以苏联模式为各国模式。对于这些东欧国家而言，在刚刚进入社会主义建设阶段时，由于缺乏经验自然首选苏联模式作为参照。但随着各国党的成熟和建设事业的逐渐深入，特别是随着苏联模式弊端的逐渐暴露，各国开始着手探寻更适合于本国国情的发展道路。苏联害怕各国的改革会松动自身对东欧的控制，遂坚决予以反对，甚至不惜出兵镇压，苏东社会主义国家之间的矛盾激化。就这样，苏联的大肆打压，渐渐消磨了东欧国家对苏联和社会主义制度的信任、好感，“亲西”倾向日盛，分离一触即发。

最后，在东欧各社会主义国家内部，大民族主义与小民族主义彼消此长、相互抗衡，其中以南斯拉夫和捷克斯洛伐克的表现最为典型。就南斯拉夫而言，其在以铁托为首的南斯拉夫共产党的领导以及苏联的国际援助下，于 1945 年 5 月彻底打败德国法西斯的统治，获得全境解放；并于同年 11 月 29 日成立了南斯拉夫联邦人民共和国（1963 年易名为南斯拉夫社会主义联邦共和国），从此拉开了南斯拉夫社会主义建设的序幕。南斯拉夫联邦人民共和国由 6 个共和国——塞尔维亚、克罗地亚、斯洛文尼亚、波斯尼亚—黑塞哥维那、马其顿、黑山以及两个自治省——科索沃、伏伊伏丁那组成，其中塞尔维亚是联邦中最大的加盟共和国。塞尔维亚族过去在斯拉夫民族反抗民族压迫的斗争中曾发挥过巨大的作用，加上人口数量较多，遂逐渐产生了大塞尔维亚主义。他们自恃本民族优越，歧视和排挤其他弱小民族，从而加深了南斯拉夫各民族之间的矛盾。正基于此，南联邦成立后，南共领导人普遍认为大塞尔维亚主义是造成南斯拉夫各民族矛盾激化的重要方面，因此要想维护联邦的稳定和促进各加盟共和国的团结，就应该重点反对大塞尔维亚主义。于是南共领导人实行了所谓“弱塞强南”策略，极力打压塞尔维亚共和国，比如人为变更塞尔维亚共和国版图、限制塞尔维亚共和国权力的正常行使等等。但遗憾的是，对塞尔维亚的过分钳制，不但没有平息南斯拉夫内部的民族矛盾，反而一方面激起了塞尔维亚人的反抗，另一方面纵容了其他民族的民族主义的滋长。克罗地亚、斯洛文尼亚等以要求民族权利平等为借口不断发动民族主义运动，直至提出独立要求。1992年4月，南联盟正式解体，分裂成了5个独立国家。

就捷克斯洛伐克而言，1918年独立的捷克斯洛伐克共和国成立，自此捷克族和斯洛伐克族从真正意义上开始在同一国家中生活。但两个民族在共和国内的人口比重相差较大，捷克人约占全国人口的64%，斯洛伐克人仅占约30.3%。这就使占人口多数的捷克人从共和国成立之初便以大民族、主体民族自居，流露出无视其他民族、以本民族为尊的狭隘民族情感。掌权的捷克资产阶级更是推行所谓的“捷克斯洛伐克主义”（大捷克主义），不仅不承认斯洛伐克的自治权利，而且妄图使斯洛伐克捷克化。这些不平等措施自然激起了斯洛伐克人对捷克人的不满，民族隔阂产生并不断蔓延。在进入社会主义阶段后，捷共虽然曾致力于推动斯洛伐克的经济、文化建设，在宪法中也做出了各民族一律平等的规定，但并未真正改变斯洛伐克的不平等状况。特别是20世纪40年代末50年代初捷克中央政府开展的“反斯洛伐克资产阶级民族主义”斗争（严厉惩罚了克列门蒂斯、胡萨克等一些斯洛伐克领导人），更是如同雪上加霜，进一步加深了捷、斯民族矛盾，斯洛伐克要求权利平等的呼声高涨。但基于当时国家权力主要集中在捷克民族机关中，因此斯洛伐克的大多要求都被打压了下去。直至1969年斯洛伐克人胡萨克就任捷克斯洛伐克共产党第一书记、帮助建立起捷克斯洛伐克社会主义联邦共和国后，斯洛伐克的经济状况、政治地位开始逆转：经济上，由于联邦政府的资金和政策倾斜，斯洛伐克地区的经济得到迅猛发展，与捷克地区的经济差距不断缩小，某些领域的经济水平甚至超过了捷克地区；政治上，斯洛伐克共和国在联邦内与捷克共和国权力相当，甚至还把持了联邦国防、外交等重要部门的大权。斯洛伐克的上述变化，对捷克人自是"当头一棒"，捷克人表示抗议并予以回击。而斯洛伐克也并不满足于眼前所得，进一步谋求更多权力……双方就在这种"你弱我强，你强我弱""你不让我，我不容你"的拉锯战中，最终走向分裂。

总之，奉行国际主义原则的社会主义阵营终被民族主义所分化，"这是国际共运史上的悲哀，也是民族主义固有消极性在支撑社会主义运动过程中的突出表现"①。

二、中国共产党人对民族主义的认识和处理

中国共产党人在坚持马克思主义经典作家民族主义理论指导的前提下，在借鉴苏东社会主义国家处理民族问题的经验教训的基础上，结合本国实际形成了中国特色的认识和处理民族主义的理论原则。

（一）民族主义与国际主义的统一是中国共产党人内政外交的基本主张

很长一段时间里，人们都侧重于强调中国共产党人是坚定的国际主义者，很少谈及其对民族主义的借助或运用。事

①王希恩.批判、借助和吸纳——对马克思主义经典作家关于民族主义论述的再认识[J].民族研究,2007(5).

实上，自中国共产党成立以来，中国共产党人就一直强调民族主义（爱国主义）与国际主义的统一。1923年12月，中国共产党、中国社会主义青年团中央局就国民党全国大会发表意见称："对于党纲草案，我们大致赞同；惟关于民族主义内容的解释，我们的主张是：对外反抗侵略主义的列强加于我人之压迫，对内解除我人加于殖民地弱小民族（如蒙古西藏）之压迫。"[①]1924年9月17日陈独秀进一步指出："民族主义有两种：一是资产阶级的民族主义，主张自求解放，同时却不主张解放隶属自己的民族，这可称作矛盾的民族主义；一是无产阶级的民族主义，主张一切民族皆有自决权，主张自求解放，不受他族压制，同时也主张解放隶属自己的弱小民族，不去压制他，这可称作平等的民族主义。"[②]从这些表述中可以看出，中国共产党人历来认为谋求民族独立解放的民族主义是革命的民族主义，是正当的。因而在抗日战争爆发后，中国共产党人即明确主张："……争取中国独立的民族主义，……在抗日革命战争中是极端需要的"[③]，"实行民族主义，坚决反抗日本帝国主义，对外求中华民族的彻底解放，对内求国内各民族之间的平等。"[④]正是由于中国

①金炳镐.民族纲领政策文献选编：第一编［M］.北京：中央民族大学出版社，2006：32.

②金炳镐.民族纲领政策文献选编：第一编［M］.北京：中央民族大学出版社，2006：34.

③金炳镐.民族纲领政策文献选编：第一编［M］.北京：中央民族大学出版社，2006：189.

④金炳镐.民族纲领政策文献选编：第一编［M］.北京：中央民族大学出版社，2006：259.

共产党坚持革命的民族主义，建立起了抗日民族统一战线，中国才取得了抗日战争的伟大胜利。

当然，中国共产党人在强调和运用民族主义的同时，一刻也没有放弃国际主义立场，而是根据中国的革命实际将二者内在地统一起来。他们不仅带领本国人民反抗入侵的外敌，同时也与其他资本主义国家的无产阶级联合起来，共同反抗国际帝国主义侵略势力，积极致力于实现世界各族人民的大解放。为了更好地让党内党外人士理解中国共产党人在抗日战争时期在民族主义与国际主义关系问题上的原则立场，毛泽东、王稼祥曾做了针对性说明。1938 年 10 月在党的第六届中央委员会第六次会议上，毛泽东同志在其所做报告《中国共产党在民族战争中的地位》中明确说道："国际主义者的共产党员，是否可以同时又是一个爱国主义者呢？我们认为不但是可以的，而且是应该的。"[①]为什么这样说呢？他认为，在不同的历史条件下，爱国主义有着不同的内涵。中国共产党人所坚持的爱国主义与日本侵略者以及德国的希特勒主义者所声称和标榜的爱国主义完全不同。中国是被侵略的国家，保卫祖国的完整与独立是正当的利益诉求，而日本和德国所发动的战争则是非正义性的侵略战争，既有损于世界人民的利益，也殃及了本国人民。再者，中国人民反抗日本侵略者、谋求民族独立的斗争，不仅是为本国无产阶级和劳动人民实现彻底解放创造了条件，而且牵制了日本法西斯主

①金炳镐.民族纲领政策文献选编：第一编[M].北京：中央民族大学出版社，2006：213.

义，有助于世界反法西斯战争的胜利。因此，“爱国主义就是国际主义在民族解放战争中的实施”[①]，这是具体的、历史的。1939 年 9 月 25 日王稼祥在《关于三民主义与共产主义》一文中也谈道：“殖民地、半殖民地的无产阶级根据马列主义的理论把爱国主义与国际主义联系起来，它在民族解放中的纲领与主张既是坚决彻底，没有民族妥协主义与民族侵略主义的任何成分，而对国内民族问题又有彻底的主张和实践。”[②]总之，从大革命开始直到抗日战争胜利的整个时间段，中国共产党人都把民族主义与国际主义结合在一起。

1945 年 8 月 15 日日本政府宣布无条件投降，但中国人民并没有盼来和平安定的国内环境，以蒋介石为首的国民党反动派为了抢夺抗战胜利的果实悍然发动了内战。他们与美帝国主义相勾结，疯狂绞杀中国共产党人，并在伪国大与伪宪中根本否定国内少数民族的自治权利，野蛮侵占少数民族地区，很多少数民族人民在其屠杀政策下被害致死。面对这种国内局势，中国共产党人积极援助少数民族反对蒋家大汉族主义民族压迫政策及其暴政的一切斗争，并号召工农兵学商各被压迫阶级、各人民团体、各民主党派、各少数民族、各地华侨以及其他爱国分子联合起来组成民族统一战线，反抗蒋介石的独裁统治，反抗美帝国主义的侵略。同时真诚表示，愿意联合世界上一切平等对待中华民族的民族共同奋斗。

---

①金炳镐.民族纲领政策文献选编：第一编[M].北京：中央民族大学出版社，2006:213.

②金炳镐.民族纲领政策文献选编：第一编[M].北京：中央民族大学出版社，2006:235.

1948年11月1日，刘少奇以《论国际主义与民族主义》为标题对这一时期中国共产党人的民族主义与国际主义立场做了说明。他指出，中国共产党人坚决反对以蒋介石汪精卫等为代表的国民党反动派。这些反动派把孙中山先生的革命民族主义拖到了保守、反动的轨道上去，投降于帝国主义，叛卖国家、损害人民利益，自然为中国共产党人所不容。他明确讲道："我们中国共产党人，是彻底的无产阶级的国际主义者，同时又是最坚决地反对一切帝国主义侵略中国民族、保卫祖国独立自由、反对一切卖国贼的革命的爱国主义者与革命的民族战士。"[①]同时他强调，作为真正的共产主义者，在摆脱帝国主义压迫后，就应该马上致力于取消本国帝国主义对于国内国外的一切民族压迫，尊重各民族的平等，实现各民族的友爱团结。

在新中国成立以后，以毛泽东为核心的党的第一代中央领导集体公开表示，在"平等、互利和互相尊重领土主权的原则的基础之上"与其他国家发展外交关系，并支持第三世界国家反帝反殖的民族解放运动，以期实现世界各国的平等与独立。此后，中国历届领导集体都坚持这一基本主张不动摇，一方面大力弘扬爱国主义精神，另一方面积极奉行国际主义原则，在尊重别国领土完整和主权独立的基础上，尽可能地提供各种国际援助。

①金炳镐.民族纲领政策文献选编：第一编[M].北京：中央民族大学出版社，2006：372.

（二）反对“两种民族主义”是中国共产党人谋求民族团结的重要举措

反对“两种民族主义”是列宁和斯大林有关民族主义问题的理论中的重要组成部分。在中国，同样存在着“两种民族主义”，即大汉族主义和地方民族主义。对于这两种民族主义，中国共产党人与列宁、斯大林一样表示坚决反对，以求实现和巩固各民族之间的团结。

整理中国共产党有关民族问题的政策文献可以看出，中国共产党人在“反对大汉族主义和地方民族主义（狭隘民族主义）”方面的确有很丰富的论述。基于这些内容，笔者总结出如下几点：第一，在两种民族主义中，中国共产党人重点反对大汉族主义。毛泽东同志就曾讲道：“大汉族主义是一种资产阶级思想。汉族这么多人，容易看不起少数民族，不是真心诚意地帮助他们，所以必须严格地反对大汉族主义。当然，少数民族中间会要发生狭隘民族主义的，那也要反对。但是，这两个东西，主要的、首先要反对的是大汉族主义”[①]；周恩来同志也强调：“我们反对两种民族主义，就是既反对大民族主义（在中国主要是反对大汉族主义），也反对地方民族主义，特别要注意反对大汉族主义”[②]；邓小平同志也有着共识：“我们不能首先要求少数民族取消狭隘民族主

①金炳镐.民族纲领政策文献选编:第二编[M].北京:中央民族大学出版社，2006:531.

②金炳镐.民族纲领政策文献选编:第二编[M].北京:中央民族大学出版社，2006:572.

义，而是应当首先老老实实取消大民族主义”[1]。除此之外，1953 年和 1956 年进行的两次全国民族情况大检查，也都是侧重反对大汉族主义的。在中国共产党人看来，之所以要把大汉族主义作为反对的重点，是因为历史上汉族统治阶级长期实行大汉族主义，压迫少数民族，从而造成了少数民族与汉族之间的巨大隔阂。而且汉族人口远多于少数民族，在具体的生产生活中很容易轻视、漠视少数民族的存在及其相关利益。

第二，中华人民共和国成立前，中国共产党人既反对国民党的大汉族主义倾向，也反对党内和人民中的民族主义倾向；新中国成立后中国共产党人则集中反对党内和人民中的民族主义倾向，并提出“赔不是”“代之受过”等观点。具体而言，中华人民共和国成立前，中国共产党人对孙中山先生提出的“新三民主义”表示赞同，但对蒋介石等人违背“新三民主义”中对民族主义所作解释、行大汉族主义之实的恶劣行径极为反感，周恩来同志曾义正词严地指出：“蒋介石的民族观，是彻头彻尾的大汉族主义。”[2]针对蒋介石等人的大汉族主义倾向，在1931 年 12 月 5 日的《中国共产党为反对国民党无耻出卖民族利益宣言》、1934 年 4 月 12 日的《中共中央关于国际第十三次全会提纲的决定》、1940 年 4 月的《关于回回民族问题提纲》、1943 年 8 月 16 日周恩来所作

①金炳镐.民族纲领政策文献选编：第二编[M].北京：中央民族大学出版社，2006：429.

②金炳镐.民族纲领政策文献选编：第一编[M].北京：中央民族大学出版社，2006：306.

《坚持抗日民族统一战线，反对蒋介石的新专制主义》的讲话、1943年9月18日为纪念“九一八”十二周年而作的《国民党与民族主义》以及1945年4月20日毛泽东所作《论联合政府》的报告等中，都进行了揭露和批判。中国共产党人明确表示：“我们对国民党当局给予唯一的希望，就是必须恢复和改组到大革命时代国民党曾接受过的共产党所提出的那个民族主义，依靠民族自身的力量，为民族的独立自主而奋斗。”①当然，这一时期，中国共产党人也未放松对党内和人民内部存在的两种民族主义倾向的反对。1934年11月29日《中国工农红军政治部关于苗瑶民族中工作原则的指示》中谈道：“必须坚决反对在中国劳苦群众中间的大汉族主义的倾向，这种倾向是汉族的统治阶级利用中国民众来反对瑶民等弱小民族。同时揭发在瑶民中间所存在着的狭隘的民族主义的害处，这些狭隘的民族主义必然会破坏瑶民民族同中国广大工农劳苦群众的联合。”②1946年4月，《中共中央东北局关于东蒙工作方针的意见》中也告诫广大党员干部不要有大汉族主义的痕迹和残余。

新中国成立后，包括1950年6月26日周恩来在政务院第三十七次政务会议上讨论西北地区民族工作时所作发言、1950年7月21日邓小平在欢迎西南地区的中央民族访问团大会上所作《关于西南少数民族问题》的讲话、1951年毛泽东

①金炳镐.民族纲领政策文献选编：第一编[M].北京：中央民族大学出版社，2006：318.

②金炳镐.民族纲领政策文献选编：第一编[M].北京：中央民族大学出版社，2006：128.

在审阅《人民日报》社论《拥护关于和平解放西藏办法的协议》草稿时加写和改写的一些内容中、1953 年 3 月 16 日毛泽东同志为中共中央起草的党内指示《批判大汉族主义》中、1999 年 10 月 3 日朱镕基在中央民族工作会议闭幕时做的《加快少数民族和民族地区发展，把民族团结进步事业推向新世纪》的讲话中，以及习近平总书记在 2014 年中央民族工作会议暨国务院第六次全国民族团结进步表彰大会上所做讲话中都提到了反对“两种民族主义”的问题。在这其中，周恩来同志曾提出“代为受过”“赔不是”等观点。他讲道，历史上汉族长期处于优势地位，在很多时候、很多问题上是汉族对不起少数民族。因此，在今后的工作和生活中，汉族同志要代为受过，向少数民族赔不是。周恩来同志的这一思想观点，实际上与列宁提出的“多温和一些”“多关心一些”“多让步一些”，甚或要牺牲自身的利益来补偿弱小民族的“抵偿论”有着异曲同工的意蕴。

第三，在进入社会主义阶段后，中国共产党人采用处理人民内部矛盾的原则解决“两种民族主义”的问题。人民内部矛盾理论是毛泽东同志首先提出来的，因此也是他第一次把“两种民族主义”定性为人民内部矛盾。他在 1957 年 2 月 27 日的最高国务会议第一次（扩大）会议上所作《关于正确处理人民内部矛盾的问题》的讲话中提道：“无论是大汉族主义或者地方民族主义，都不利于各族人民的团结，这是应当克服的一种人民内部的矛盾。”[①]毛泽东的这一理论原则很

①金炳镐.民族纲领政策文献选编：第二编［M］.北京：中央民族大学出版社，2006:558.

快得到了广大干部群众的认可，并被贯彻实施。但在反右斗争期间，特别是“文化大革命”期间，这一原则遭到了破坏。很多原属人民内部矛盾的问题被错划为敌我矛盾，反地方民族主义扩大化。值得庆幸的是，在党和人民的共同努力下，江青、林彪等反革命集团终被彻底粉碎，长达十年之久的灾难性革命宣告结束。1979 年中共中央批准为在反右斗争中错划为地方民族主义分子的人全部摘掉了帽子，党在民族问题上的理论原则又回到了正确道路上来。此后，党中央反复强调，在处理影响民族团结的问题上，有什么问题就解决什么问题，是什么问题就按什么问题解决。人民内部、同志之间真正能上升到主义层面的分歧并不多，要防止无限上纲上线，把“两种主义”变成内耗工具[①]。各族人民要牢固树立汉族离不开少数民族、少数民族离不开汉族、各少数民族之间也相互离不开的信念，要像爱护自己的眼睛一样爱护民族团结，像珍视自己的生命一样珍视民族团结，像石榴籽那样紧紧抱在一起[②]。时刻做到同呼吸、共命运、心连心。

（三）遏制民族分裂主义是中国共产党人维护国家统一的一贯立场

民族分裂主义是地方民族主义的极端表现。一般来讲，地方民族主义只是要求更多的民族自治权利，基本承认国

①2014 年中央民族工作暨国务院第六次全国民族团结进步表彰大会新华网 http://news.xinhuanet.com/politics/2014-09/29/c_1112682650.htm.

②像珍视生命一样珍视民族团结 新华网 http://www.xinhuanet.com/mrdx/2017-03/14/c_136126796.htm.

家的完整和统一；而民族分裂主义则是要求从所属国家分离出去，成立独立国家。正是这种质的差别，促使中国共产党人对民族分裂主义一贯坚持严厉打击、强力遏制的立场。中国共产党人反复强调，稳定是福、动乱是祸，团结是福、分裂是祸。任何民族分裂主义都是违背历史潮流、有损人民共同利益的行为。维护国家统一和民族团结，是56个民族的共同职责。必须严密防范和依法打击民族分裂主义势力，旗帜鲜明地反对一切分裂祖国和破坏民族团结的犯罪活动。

在中国，“藏独”“疆独”“台独”等民族分裂主义势力总是打着“民族”“民主”“自由”“平等”“人权”等旗号，宣扬和从事民族分裂活动。新中国成立后，在党和人民的共同努力下，民族分裂活动曾相对沉寂。但自苏联东欧剧变后，民族分裂活动便再度活跃起来，并表现出一些新的特点，比如打着宗教的旗号、披着宗教外衣煽动民族分裂，扩大分裂势力联合的范围，推动民族问题的国际化等等，这自然无形中增加了遏制民族分裂主义势力的难度。但无论怎样，中国共产党人从未有过丝毫退缩和妥协。在明确指出分裂和反分裂的斗争实质是政治斗争而非民族问题和宗教问题的基础上，中国共产党人坚决表示，对民族分裂主义要保持高度警惕，进行坚决斗争；中国的民族问题是中华民族内部的问题，决不允许外国势力插手，坚决切断内外分裂势力的任何联系。中国共产党人坚信，“在中国贫弱的旧时代，得到帝国主义支持的分裂阴谋尚且不能得逞，当我们伟大的国家日益强盛的时候，这种分裂活动，当然只有一个彻底失败的结局”[①]，深刻表达了遏制民族分裂主义的强大信心和决心。

再者，自新中国成立以来，中国共产党人就积极致力于发展少数民族地区的经济文化事业，努力缩小内地和边疆地区的各种差距，并通过实行民族区域自治制度，最大限度地满足少数民族当家做主的权利。今天的少数民族地区，已有了翻天覆地的变化，身处安定幸福中的少数民族同胞，有能力辨识党和国家对他们的真正关爱与民族分裂势力以保护少数民族权益之名行打砸烧杀抢之实之间的本质性差异，从而自觉站到党和国家的一边，揭穿民族分裂主义的不轨图谋，共建和谐家园。至于台湾问题，中国共产党人历来把它放在国家大局的历史高度，努力寻求各种途径与台湾人民进行交流与合作，台湾人民也感受到了大陆人民的真诚与热情。总之，在各方的努力下，民族分裂主义终难以找到其存在的合法性基础。

（四）贯彻实施民族区域自治是中国共产党人在民族问题上的成功创见

现行民族区域自治制度是我国的一项基本政治制度，经过几十年的实践检验，已证明其合理性和正确性，可谓中国共产党人在民族问题上的成功创见。但事实上，民族区域自治并非中国共产党人的一贯选择。在一个较长的历史时期内，中国共产党人曾倡导民族自决和主张实行联邦制。粗略统计，

①金炳镐.民族纲领政策文献选编：第二编［M］.北京：中央民族大学出版社，2006：740.

从“二大”开始一直到抗战初期，在中国共产党人的有关报告或文件中，基本上都可以找到“民族自决”“联邦”等字眼。而且有一个明显特征，就是这一时期的中国共产党人对“自决”“自治”“联邦”的界限划定相对模糊，有时会在同一政策主张中选择两种政治形式，如《中国共产党第二次全国代表大会宣言》中提到的：“3.统一中国本部（东三省在内）为真正民主共和国；4.蒙古、西藏、回疆三部实行自治，成立民族自治邦；5.用自由联邦制，统一中国本部、蒙古、西藏、回疆，建立中华联邦共和国”[①]，以及毛泽东同志所写《为动员一切力量争取抗战胜利而斗争》中所述：“动员蒙民、回民及其他少数民族，在民族自决和自治的原则下，共同抗日”[②]等。回溯历史，民族自决和联邦制之所以会成为中国共产党人那个时期的选择，与当时的中国共产党人尚不成熟有关；与当时的中国共产党人对本国的国情、族情还不甚了解有关；同时也与当时的中国共产党人深受苏联经验的影响有关。而这一切，随着中国共产党人自身素质、觉悟的提升，随着中国共产党人与少数民族地区接触的增多（特别是长征期间），随着中国共产党人革命和建设经验的增长，终得到改变，中国共产党人选择放弃民族自决和联邦制主张。

中国自秦汉以来就是一个统一的多民族国家，有着悠久的历史传统；近代以来反抗外敌入侵的共同经历，则进一步

①金炳镐.民族纲领政策文献选编：第一编[M].北京：中央民族大学出版社，2006：19.

②金炳镐.民族纲领政策文献选编：第一编[M].北京：中央民族大学出版社，2006：202.

增强了各族人民的爱国热情；而大杂居、小聚居的人口分布格局也决定了各族人民之间联系的紧密性。出于这些因素的考虑，中国共产党人决定实行民族区域自治。我国的民族区域自治与苏联的自治共和国在区域划分、自治权利与权限的规定等方面有着根本的不同，具有明显的“中国特色”：这种自治强调国家的统一领导，规定各自治机关均属地方政权，需服从于中央政府；这种自治实现了民族因素与区域因素的结合、政治因素与经济因素的结合。它能够保证在国家统一的基础上，赋予或杂居或聚居的所有少数民族以最大限度的自治权利[①]；能够保证各民族在平等、自愿的环境之下团结合作、共同奋斗，从而推动少数民族地区的政治、经济、文化事业的发展进步。最后，民族区域自治对民族自决和联邦制的成功代替，消除了一些不法分子将民族主义推向极端方向可资利用之口实，有利于边疆的稳定和社会和谐。

但近年来有人对民族区域自治的实效性开始产生怀疑，北京大学马戎教授在其所著《理解民族关系的新思路——少数族群问题的“去政治化”》一文中就提出：“民族区域自治制度把族群与地域正式挂起钩来，使各个少数民族获得了某种独立的政治身份、政治权利和‘自治区域’……当我们以族群为单位从制度上保障少数族群各项政治权利时，也不可

①周恩来同志曾明确讲道：“……不仅使聚居的民族能够享受到自治权利，而且使杂居的民族也能够享受到自治权利。从人口多的民族到人口少的民族，从大聚居的民族到小聚居的民族，几乎都成了相当的自治单位，充分享受了民族自治权利。这样的制度是史无前例的创举。”——摘自《中国共产党主要领导人论民族问题》

避免地把我国的族群问题“政治化”，并在一定程度上推动一些族群向加强其“民族意识”的方向发展。……这些国家的政府在本国族群问题上所做出的政治让步非但没有缓解国内的族群问题，反而使随后的‘民族分裂运动’具有了更坚实的基础。”[①]这就是说，在马戎教授看来，民族区域自治制度的确立，赋予和保障了少数民族的政治权利，使少数民族的民族意识得以增强，为民族分裂主义奠定了坚实基础。因此，他提出应该“去政治化”、实现民族政策的“文化化”。言外之意，应该取消民族区域自治。针对马戎教授的观点，民族学界展开了一番激烈讨论，不乏支持者但更多是反对的声音。事实上，民族区域自治制度实行多年以来，我国国内各族人民之间的关系更趋团结与和睦，“建设共有家园”的理念也在不断强化，这都是不争的事实。而各族人民民族意识的增强更多是基于整体文化素养的提升、民族地区经济发展水平的提高和世界民族主义浪潮的涌动，与是否实行民族区域自治并无直接关系。而且民族意识的增强也并非百弊而无一利，必须客观地、辩证地加以看待。至于民族分裂主义，既是国内反动残余的垂死挣扎，也是国外敌对势力的反华筹码，其消长更多与这些势力的强弱有关、与国际局势的演变有关，怎可拿民族区域自治说事？实际上，民族区域自治取代民族自决和联邦主张，正是为了消解分裂。早在 1951 年 12 月李维汉同志在其所做《关于民族政策的若干问题》中就指出，民族区域自治是以少数民族聚

①马戎.理解民族问题的新思路——少数族群问题的“去政治化”[J].北京大学学报,2004(6).

居区为基础的区域自治，不应以少数民族所占当地人口的一定比例为基础。这就消除了“一族一国”的民族主义理念的适用条件——单一民族聚居。

对于新时期坚持民族区域自治，习近平总书记有明确说明：“民族区域自治是党的民族政策的源头，我们的民族政策都是由此而来、依此而存。这个源头变了，根基就动摇了，在民族理论、民族政策、民族关系等问题上就会产生多米诺效应。”①因此，正如王希恩教授所言：“我们关注的不应是这一制度的存废问题，而应是如何坚持和发展的问题”。②中共十九大报告强调党对一切工作的领导，我们有理由相信，在以习近平同志为核心的党中央的团结带领下，民族区域自治制度定会更加完善。

（五）培养中华民族共同体意识是中国共产党人在历史新阶段的重要号召

在2014年10月举行的中央民族工作会议暨国务院第六次全国民族团结进步表彰大会上，习近平总书记发表重要讲话，就民族工作的现实状况、未来走向等问题做了系统阐释和说明。其中特别谈道：要“积极培养中华民族共同体意识。”③（后又多次对此做出强调）。所谓“中华民族共同体”

①2014年中央民族工作暨国务院第六次全国民族团结进步表彰大会新华网 http://news.xinhuanet.com/politics/2014-09/29/c_1112682650.htm.

②王希恩.也谈在我国民族问题上的“反思”和“实事求是”[J].西南民族大学学报,2009(1).

③2014年中央民族工作暨国务院第六次全国民族团结进步表彰大会新华网 http://news.xinhuanet.com/politics/2014-09/29/c_1112682650.htm.

实际上是指56个民族是一个不可分割的统一整体，承担着共同的历史任务，有着共同的命运与未来。在当前的历史条件下，以习近平总书记为代表的新一届中央领导集体要求积极培养中华民族共同体意识，无疑有着重要的时代意义和价值。

具体而言，当前我国正处在全面深化改革的重要时期，处在决胜全面建成小康社会的关键时期，机遇与挑战并存、和谐与矛盾共生。因此，大力倡导中华民族共同体意识既是增进民族团结、维护社会稳定的重要途径，也为实现中华民族伟大复兴中国梦提供了重要支撑；既关乎民族地区的经济社会发展，更与国家的整体发展密不可分。也正是基于对这种重要性的认识，党和政府要求进一步增强“五个认同”以筑牢民族团结的思想基础；通过建立“各民族相互嵌入式的社会结构和社区环境”等等来“加强民族交往交流交融”，从而丰富了培养中华民族共同体意识的路径和方式。

三、启示

(一) 协调好社会主义与民族主义的关系是社会主义建设的重要任务之一

当前有些人试图回避现今社会主义国家与民族主义存有联系的事实，这是非常不可取的。现今的社会主义国家都是在民族国家框架下进行活动的，那么民族主义的存在自然毫无疑问。因为在民族主义那里，“民族和国家注定是连在一起的；哪一个没有对方都是不完整的，都是一场悲剧。”[①]可

①厄内斯特·盖尔纳.民族与民族主义[M].韩红,译.北京:中央编译出版社,2002:9.

以说，只要有民族国家的存在，就有民族主义的存在。而曾经的苏东历史、当今的中国现实，也都用事实说明了民族主义在社会主义时期的客观存在。

结合苏东地区和中国国内民族主义的诸种表现可以看出，社会主义与民族主义的关系至少包含两方面的内容：一是对内而言的，即社会主义国家内部社会主义与民族主义的关系；二是对外而言的，即社会主义国家与其他国家（既包括社会主义国家，也包括非社会主义国家）交往中的社会主义与民族主义的关系。就第一方面来讲，在社会主义制度下，民族剥削和民族压迫的存在根基已基本被消除，国家内部各民族实现真正平等、团结有了现实的可能性。这时候，社会主义国家需要做的就是加强国族建构力度，并倡导国家民族主义。所谓国族建构，就是本国内部所有民族不论大小合并成一个统一的大民族，以实现认同对象的转变，即由对本民族的认同转变为对统一大民族的认同；[①]所谓国家民族主义就是要求各民族以本国利益为重，在积极维护国家完整和统一的基础上，谋求民族国家的繁荣和强大。至于社会主义国家内部存在的大民族主义和地方民族主义，以及表现为极端形式的民族分裂主义，则是要坚决予以反对的对象，马克思主义经典作家在其有关民族主义的论述中就对党内和国内存在的“两种民族主义”倾向做过严厉批判。回首苏联，其在处理国家

①刘泓指出:“国族的建构意味着各民族和谐关系的产生与维护,对抗与冲突的缓解,有序与稳定的国内环境的营造,以及在此基础之上的共同利益的重新界定与发展——利益形式和内涵超越民族疆界并纳入‘跨族’因素。”——出自刘泓《民族主义与国家利益——民族学视野中的阿富汗国家重建》

内部社会主义与民族主义的关系时，既没有造就统一的“苏联民族”[①]，没有建立起属于本国的苏联民族主义，也没有处理好俄罗斯民族主义与地方民族主义的关系，国内民族矛盾趋于激化定是自然。而中国共产党人既把大汉族主义和地方民族主义的关系置于社会主义的现实环境中作为人民内部矛盾来处理，同时坚持“中华民族”的称谓，构建起属于本国的中华民族民族主义（中华民族民族主义即56个民族心向本国，共同致力于中华民族伟大复兴的民族主义），并注重加强中华民族凝聚力，注重弘扬和培育中华民族精神。基于此等种种，中国国内各民族正共同团结奋斗，走向共同繁荣发展。就第二方面来讲，社会主义国家作为国际成员出现在世界舞台后，那种维护民族尊严、维护民族国家合法权益、反对霸权主义和强权政治的民族主义是社会主义国家所要坚持和倡导的，而大国主义、民族沙文主义则是社会主义国家要坚决杜绝的。苏东社会主义国家裂变的重要原因就是苏联实行大国主义，从而激起了东欧国家的民族主义情绪，使其逐渐脱

①郝时远教授就此做过明确分析：“在俄罗斯联邦中，俄罗斯是一个民族，其他民族命名的自治共和国、自治州、自治专区则是不同的民族。由这些加盟共和国通过联邦宪法结合在一起的国家就是苏维埃社会主义共和国联盟，也就是众多民族国家的联盟。从模式上与当代的欧盟颇为相似。问题在于，这个联盟没有统一的‘苏联民族’称谓，各个民族依托于加盟共和国、自治共和国等实体。但是，由于斯大林时期形成的高度中央集权体制，加盟共和国在事实上并不是一个民族国家。这就使苏联在事实上是一个民族国家但是未能造就出一个‘苏维埃民族’，各个具有民族地位的联邦实体在事实上又没有自己的民族国家，从而形成了苏联‘国家无民族’‘民族无国家’的联盟两元结构的内在冲突。”——出自 2007 年 1 月 12 日、19 日《中国民族报》第 6 版——《民族国家建构中的民族问题》

离了社会主义轨道。中国一直倡导爱国主义与国际主义的统一，其大国责任担当不断得到彰显，体现了中国在外交事务中对社会主义与民族主义关系的理性认知。

总之，虽然社会主义与民族主义在出发点、总体发展过程、核心价值理念等方面存在着根本的不同，但在阶段性目标、具体的发展理念等方面却还是有相通之处的。[①]民族主义追求民族独立、发展和强大的愿望内含于社会主义当中，只有民主的社会主义才能真正为民族主义愿望的实现提供现实土壤。因为社会主义国家中上升为领导阶级的无产阶级没有自己的特殊利益，他们既是民族传统的继承者又是民族利益的维护者。马克思恩格斯在《共产党宣言》中积极呼吁“无产阶级首先必须取得政治统治，上升为民族的阶级，把自身组织成为民族”[②]，并强调这里的民族“完全不是资产阶级所理解的那种意思”，实际上就有此意的表达。

着眼现阶段，共产党人需要做的就是加强对各式民族主义的制约，将民族主义中偏狭的倾向扼杀在萌发期，并引导民族主义向积极、健康、理性的方向发展，以期其能在社会主义建设中最大限度地发挥凝聚力量、动员人民的积极作用。特别需要提到的是，近年来随着互联网的普及、新媒体技术的发展，依托于网络新媒体的网络民族主义在中国的影响渐趋扩大。网络民族主义相比于其他形式的民族主义，覆盖人群更广、时效性更强。它的兴起和发展无疑对增强民族国家

---

①叶险明.民族主义·民族国家·社会主义[J].学术月刊,2012(3).

②马克思恩格斯选集:第1卷[M].北京:人民出版社,1995:291.

认同、对整合社会力量、对重塑民族精神、对抵御西方文化侵蚀有重要意义。但也必须看到，网络民族主义在一些时候趋于简单和激进，易在民众中激起非理性的爱国情绪，并试图制衡国家外交政策，迫使政府采取激进措施。对于这种非理性的激进倾向，需要理性判断、合理摒弃。当然，社会主义不只追求民族独立、发展和强大，坚持无产阶级国际主义原则，实现共产主义才是其最终的理想和目标。

（二）国际主义内涵的当下诠释

当今时代，和平与发展成为时代的主题，资本主义和社会主义共存是不争的事实。在这种时代背景下，马克思主义经典作家所强调的“无产阶级不分民族的国际团结”“正在战胜资产阶级的民族，有能力有决心去推翻国际资本而承担最大的民族牺牲”以及“全世界各民族高度融合直至消亡”的无产阶级国际主义原则在短期内还无法实现。对于各社会主义国家及非社会主义国家内部的无产阶级政党而言，维护本民族国家利益才是他们对外交往的前提和基础。但这并不意味着马克思主义经典作家的立场原则已然失效或趋于空想。

在全球化发展的今天，对国际主义的理解已不能仅仅从阶级斗争、世界革命的角度进行解读，而应该结合时代特征赋予其当下内涵，那就是要求各主权国家都要承担一份国际责任，自觉遵守和平共处、互利共赢的原则，共同维护世界的和平与稳定、维护全世界人民的共同要求和利益，携手致力于全球性问题的治理和解决。中国共产党人提出的构建“人类命运共同体”的倡议恰恰很好地体现了上述要求，完全可以看作是对国际主义内涵的当下诠释。“人类命运共同体”这一概念的提出，既是对马克思共同体理论的继承和运用，又是对西方共同体主义的积极回应，也是对中国传统“和合”文化的现代呼应，是对“和谐世界”理念的进一步升华，也包括对“中国威胁论”的有力回击，同时也是对全球发展实际的深刻思考。

具体来讲，第一，“人类命运共同体”是中国共产党人在继承马克思共同体理论的前提下，在深刻领会其有关“真正共同体”思想精髓的基础上，结合国际、国内发展实际得出的全新概念。马克思、恩格斯等经典作家们没有对“何为共同体”做出明确界定，但其理论体系中却蕴含着丰富的共同体思想。在不同的历史语境中，马克思曾先后使用包括自然共同体、虚幻共同体、真正（实）共同体在内的多个概念，并最终把视线落在了真正共同体上。在马克思那里，所谓自然共同体就是古代群体生活的各种原始群落、氏族、村社等等，而虚幻共同体则主要是指国家。马克思指出，自然共同体多是建立在血缘地域基础上的共同体，在这种共同体中虽然没有剥削和阶级分化，但受生产力发展水平低下的制约，人们不得不联合起来以应付恶劣的自然环境，具有很强的被动性和依附性。至于虚幻共同体，其显著特征就是阶级性。它是一个阶级反对另一个阶级的联合，是在斗争中、革命中用来对敌人实行暴力镇压的一种暂时的工具。因此，从这一意义上来讲，它对于被统治的阶级来说，不仅是完全虚幻的，而且是新的桎梏。“在政治国家真正发达的地方，人不仅在思想中、在意识中，而且在现实中、在生活中，都过着双重的生活——天国的生活和尘世的生活。前一种是政治共同体中的生活，在这个共同体中，人把自己看作社会存在物；后一种是市民社会中的生活，在这个社会中，人作为私人进行活动，把别人看作工具，把自己也降为工具，成为外力随意摆布的玩物。”[①]总之，无论是在自然共同体中，还是在虚幻共同体中，个人都没有获得真正的自由和发展。于是马克思认为，有必要建立（形成）真正（实）的共同体。真正(实)的共同体是对自然共同体和虚幻共同体的积极扬弃：它是古代氏族的自由、平等和博爱的复活，但却是在更高级形式上的复活；它抛开了基于阶级成员而非作为个人加入虚幻共同体的关系形式，实现了个人的真实自由身份。马克思确信，“只有在共同体中，个人才能获得全面发展其才能的手段，也就是说，只有在共同体中才可能有个人自由。”[②]因为真正(实）共同体能够有效协调公共利益与个人利益之间的关系，既满足个人合理的价值诉求、保障个人的自由发展，同时也能促进社会和人的共同进步。中国共产党人深信马克思所言的只有在共同体中，个人才能获得全面发展其才能的手段，所以主张树立“人类命运共同体”意识，积极构建“人类命运共同体”。“人类命运共同体”与“真正共同体”一样，致力于谋求人与人之间的自由联合，并试图实现“每个人的自由发展是一切人的自由发展的条件”。只是在此的“人类命运共同体”无关乎阶级性，更加强调的是抛开意识形态的各国、

①马克思恩格斯全集：第 1 卷［M］.北京：人民出版社，1956：428—431.

②马克思恩格斯选集：第 1 卷［M］.北京：人民出版社，1995：119.

各地区的联合与自由，寄希望于人们能在一个统一体中积极互动。第二，“人类命运共同体”的提出，可谓吸收了西方共同体主义所主张的“不能只关注个人权利的保护和增进，更应该确保一种共同善或共同生活目标”的积极意义，但也摒弃了其狭隘和局限的方面。“西方共同体主义”更多是针对西方国家自身内部的个人与社会之间的关系而言的，致力于调和个人独立与个人归属之间的关系，致力于调和个人自由与社会责任之间的关系，致力于调和个体善与共同善之间的关系。而“人类命运共同体”的提出，则远远超出了这一范围，转以全人类的视野来统观人与人、人与社会、国家与国家、国家与国际的关系，抑或说“人类命运共同体”试图把整个人类的幸福融入每个人的价值体系。而且，“西方共同体主义”把个人与社会、特殊利益与共同利益之间矛盾的解决、关系的调和寄托在“共同善”即共同的美德的基础上，其实效性似乎略显弱了一些。而“人类命运共同体”的提出，直接道出了人与人、人与社会、国家与国家、国家与国际的命运关联性，现实感和迫切性更强。第三，“人类命运共同体”的提出是对中国传统“和合”文化精髓的现代呼应，包含着浓浓的和合情怀，把全世界各国、各地区、各民族看作一个有机统一的整体。中国自古以来就是一个热爱和平的国家，有关“和合”的思想观点屡屡出现在先哲和文人骚客的笔端。在人与自然关系上，老子主张“人法地、地法天、天法道、道法自然”的“天人合一”观。从孟子“小国寡民”的构想到陶渊明笔下“桃花源”中“鸡犬之声相闻”的美好世界，从“人不独亲其亲，不独子其子，使老有所终、壮有所用、幼有所长，鳏寡孤独废疾者皆有所养”的理想的人与人之间的关系描绘到“路不拾遗、夜不闭户”的大同社会的愿景描述，这些无一不表现出人与自然、人与人、人与社会和谐共处的美好画面。虽然有些乌托邦的性质，但作为一种崇高的理想和价值追求，始终激励着无数志士仁人为之努力奋斗。道家的“天人合一”观和以孔孟为代表的儒家所倡导的“仁、义、礼、智、信、忠、孝、恕、勇、恭”等一系列旨在构建人与人、人与社会和谐的道德原则影响了千千万万的华夏子孙，由此衍生的“天下大同”思想也深深镌刻在中华儿女的意识深处。当然，“和合”思想产生于有着阶级对立的封建社会，作为一种社会意识，是特定社会历史形态的反映。它所倡导的道德原则在客观上虽然起到调节人际关系、缓和社会矛盾的作用，但归根结底仍然是统治阶级钳制广大人民群众思想的工具，是为上层统治阶级的阶级利益服务的。这就决定了其不免具有狭隘性。同时，对大同世界的构想，也只不过是一种美好的愿景，缺乏实现的现实土壤。而“人类命运共同体”是在扬弃了传统文化中狭隘成分的基础上，站在全人类共同利益的高度做出的号召，应时而生，应景而动。第四，“人类命运共同体”的提出是对“和谐世界”理念的进一步升华。和谐世界的构建，最关键是要协调好各主权国家之间的关系，要求各国能做到政治上互敬、经济上互利、文化上互鉴、安全上互信、环保上互助。而“人类命运共同体”既肯定了各国和平相处、团结奋进、共建和谐世界的积极倡议，同时也对各国提出了更高的要求和寄予了更大的期望。因为所谓“命运”即生死、贫富和一切遭遇，那么推及“人类命运共同体”，事实上已然是把国与国之间的关系上升到一种生死存亡、休戚与共的历史高度，其立意更为深远。第五，“人类命运共同体”的提出是对“中国威胁论”的有力回击。回溯中国的外交政策，从毛泽东时代独立自主、和平共处五项原则的提出到邓小平时代“韬光养晦、决不当‘头’”的主张；从江泽民同志呼吁建立“国际政治、经济新秩序”到胡锦涛同志提出“和平发展”，中国共产党人热爱和平的立场和态度从未改变过。事实上，中国共产党人一贯强调爱国主义与国际主义的内在统一。在大力弘扬爱国主义精神的同时，积极奉行国际主义原则，做到在尊重别国领土完整和主权独立的基础上，尽可能地提供各种国际援助。总之，无论从理论到实践，实在难以找到“中国威胁谁”的立论依据。“人类命运共同体”的提出，是中国共产党人再次向世界人民发出的和平宣言。中国共产党人想要告诉全世界，中国在国际舞台上只会扮演和平发展的倡导者、共同发展的推动者和全球治理的参与者等角色；中国离不开世界，世界也需要中国。既然中国选择成为共同体中的一员，就会尊重和保护共同体的整体利益。第六，一方面“人类命运共同体”的提出是全球化发展的必然结果。随着生产力的进一步发展、科学技术的日新月异，全球化已成为一股不可阻挡的发展潮流（逆全球化是违背客观发展规律的），深刻影响着每一个国家、每一个地区、每一个人的生存方式。在这种情况下，任何一个国家都不能独善其身，而只会是 “一荣俱荣、一损俱损”。正因对此有高度认知，中国才适时提出“人类命运共同体”，就是希望各国能够摒弃成见，积极作为，逐步形成一种互利共赢的局面；另一方面“人类命运共同体”的提出也是解决全球性问题的必然选择。所谓“全球性问题”就是指在世界范围普遍存在、关系到全人类根本利益、威胁人类生存与发展及未来命运的重大问题[①]，具体包括国际恐怖主义、宗教极端主义、民族分裂主义、生态恶化等等。这些问题不是倾一国之力就可以解决的，但有些国家似乎并没有认识到这一点。仅以生态环境问题为例。贝克曾说过：“不同制度不同国家中的每一个人都同样面临着工业社会对大自然的破坏所带来的同一种生态灾难，虽然国家不同、制度不同，但是大家共处在同一条船上，吞噬着同一种恶果，承受着同一种命运。”[②]这段话直接道出了生态问题无国界的道理。生态问题虽然以无国界的形式显现出来了，但到目前为止，很多国家在应对这些问题时却始终难以摆脱本国利益的诱使。1997 年 12 月在日本东京召开的联合国气候大会第三次会议上，美国拒绝签署旨在限制发达国家温室气体排放量以抑制全球变暖的《京都议定书》。2009 在丹麦哥本哈根举行的联合国气候变化大会上，在二氧化碳减排的具体指标上，各方分歧仍存，没有达成共识。2010 年 11 月 29 日至12 月 10 日在墨西哥海滨城市坎昆举行的坎昆世界气候大会，美国总统奥巴马、英国首相卡梅伦和大部分发达国家首脑都没有出席会议，大会最终只能草草收场。……2017 年 6 月美国总统特朗普宣布退出应对全球气候变化的《巴黎协定》。……反观和聚焦中国，如

① 韩清恩.关于全球性问题与全球性意识[J].社会主义研究，2001(4).

②贝克.从工业社会到风险社会[J].马克思主义与现实，2003(5).

美国学者大卫·格里芬所言，中国政府是世界上第一个把建设“生态文明”作为主要目标的政府。在党的十七大报告提出“建设生态文明”的战略思想的基础上，党的十八大报告进一步提出要“大力推进生态文明建设”，要“从源头上扭转生态环境恶化趋势，为人民创造良好生产生活环境，为全球生态安全做出贡献”[①]。党的十九大报告则再次明确表示“积极参与全球环境治理，落实减排承诺”[②]。中国在生态问题上的表现，彰显了其作为大国的责任担当。但中国共产党人也明白，全球性问题的彻底解决，仅凭中国尚显力量单薄，于是提出并致力构建“人类命运共同体”，这既是对某些西方大国、强国自私专营表现发出的警示、抗议之声，更是在积极倡导一种共生共荣的理念，以期各国能携起手来，共同致力于全球性问题的解决。

总之，中国共产党人强调，在现存国际关系体系中，每一个国家都应该“在追求本国利益时兼顾他国合理关切，在谋求本国发展中促进各国共同发展”[③]，要时刻记得“每个民族、每个国家的前途命运都紧紧联系在一起，应该风雨同

①胡锦涛.坚定不移沿着中国特色社会主义道路前进 为全面建成小康社会而奋斗——在中国共产党第十八次全国代表大会上的报告[M].北京：人民出版社，2012：39.

②习近平. 决胜全面建成小康社会夺取新时代中国特色社会主义伟大胜利——在中国共产党第十九次全国代表大会上的报告[M].北京：人民出版社，2017:51.

③胡锦涛.坚定不移沿着中国特色社会主义道路前进 为全面建成小康社会而奋斗——在中国共产党第十八次全国代表大会上的报告[M].北京：人民出版社，2012：47.

舟，荣辱与共，努力把我们生于斯、长于斯的这个星球建成一个和睦的大家庭，把世界各国人民对美好生活的向往变成现实”[①]。这既是对“人类命运共同体”的内涵的高度概括，也构成了当下的国际主义原则要求。可以说，当下的国际主义原则是制约和规范各独立主权国家行为的重要标尺。它可以用来防止各国在追求所谓民族国家利益的过程中滑向集权、霸权的一边，有利于营造一个和谐共进的世界。

①习近平在中国共产党与世界政党高层对话会上的主旨讲话 新华网 http://www.xinhuanet.com//2017-12/01/c_1122045658.htm.

结　语

一、主要内容总结

1.马克思主义经典作家的民族主义理论是马克思主义基本理论的组成部分之一。“民族主义”一词实际上至今都没有一个共识的定义，国际、国内相关学者从不同角度至少给出了200种说法。马克思主义经典作家也未曾给民族主义下过明确定义。翻阅马克思主义经典作家有关民族和民族主义的论著、书信、通讯等可以看出，在马克思主义经典作家那里，民族主义既被看作是一种关乎民族的情感、情绪，也被界定为一种以“民族自决”为基本主张的思想、学说，但更被视为资产阶级的意识形态和社会运动。

2.典型的民族主义现象产生于17世纪至18世纪的西欧，在进入19世纪后其有了更为迅猛的发展。因此，作为一种社会现象，自然赢得了马克思主义经典作家的关注。但更为重要的是，它对无产阶级国际主义事业产生了重要影响：一方面，包含民主进步因素的民族主义成为实现无产阶级国际主义事业的重要积淀、重要补充，其中既包括资本主义上升时期的民族主义，也包括具有革命进步意义的民族主义运动；另一方面，民族主义是马克思主义经典作家在宣传无产阶级国际主义时遇到的劲敌。民族主义意在强调民族特性、民族差别，这与倡导无产阶级不分民族的国际团结的国际主义相悖，自然会造成无产阶级之间的隔阂、不信任，会模糊无产阶级和资产阶级之间的阶级界线，破坏无产阶级的国际团结。正基于此，马克思主义经典作家在民族主义问题上做了丰富的论述。

3.马克思恩格斯对德意志民族利己主义、反犹太主义、民族虚无主义、民族沙文主义进行了严厉批判；对波兰、爱尔兰民族主义运动予以特殊关注；对德意志、意大利、匈牙利民族革命运动表示支持；对泛斯拉夫主义思潮和运动却极力反对；并对民族主义的基本主张——民族自决权表示认可。列宁对崩得的联邦制建党原则极力反对；对联邦制国家结构形式原则上反对、实践上借助；对民族自决权进行了系统分析；对企图代替民族自决权的“民族文化自治”纲领做了批判；对民族殖民地被压迫民族的民族主义运动表示深切关注和坚决支持；对国内和党内大俄罗斯民族主义和地方民族主义倾向都表示反对，特别是对大俄罗斯民族主义做了重点批判。

4.综合来看，马克思主义经典作家民族主义理论的主要内容包括：

(1) 承认多种形式的民族主义的存在，其中既有国际的，也有国内的；既有不同理论学派的，也有不同阶级属性的，同时还有不同政治营垒之间的。

(2) 反对狭隘的民族主义。所谓“狭隘民族主义”主要表现为：情感上的偏狭性；对剥削阶级特别是资产阶级特权地位和特殊利益的维护；对其他民族的压迫；对无产阶级不分民族的国际团结和无产阶级国际主义事业的破坏。

(3) 支持包含民主进步因素的民族主义，包括资本主义取代封建主义统治的民族主义，革命的、进步的被压迫民族的民族主义运动。

(4) 视民族自决权为民族平等联合、无产阶级自决目标实现的有效方式。民族自决是资产阶级民族主义的基本主张，最初是资产阶级反对封建主义、谋求民族独立统一、建立民族国家的有力武器，马克思主义经典作家对其做了马克思主义的改造。

(5) 倡导无产阶级国际主义。所谓无产阶级国际主义原则就是要求无产阶级在保持不分民族的国际团结的基础上，致力于实现民族的独立解放和平等发展，致力于实现全世界各民族的高度融合，从而最终建立起超越所有民族之上的无阶级、无国家的自由人联合体。

5.整个马克思主义经典作家的民族主义理论蕴涵论战性、阶级性、具体性等基本特征。

6.马克思主义经典作家的民族主义理论虽形成、完善于 19 世纪至 20 世纪，但在当前仍有很大的价值和意义。其中包括用阶级视角分析民族主义的有效性、区别对待民族主义的方法的当代适用性、对泛斯拉夫主义的批判有助于辨识当前的极端泛民族主义、有关民族自决权的主张为当前民族自决权的运用提供了参照原则、对爱国主义的界定成为评价民族国家利益诉求合理与否的重要标准等。

7.研究马克思主义—民族主义问题自然绕不开社会主义与民族主义的关系问题，一方面因为社会主义是马克思主义经典作家所致力实现的共产主义目标的低级阶段，它以马克思主义为指导，自然接受了马克思主义经典作家关于无产阶级不分民族的国际团结、无产者和被压迫民族团结起来、实现全人类彻底解放的思想；另一方面社会主义都是在民族国家框架下发展的，离开民族主义的社会主义是不存在的。苏联东欧社会主义国家和中国都是坚持马克思主义指导地位的社会主义国家，它们都曾面临或依然还在面对认识和处理民族主义的问题。而苏联东欧社会主义国家的裂变、中国特色社会主义的蓬勃发展，一反一正两个例证都说明必须把协调好社会主义与民族主义的关系作为社会主义建设事业的重要任务来抓。其中既涉及处理社会主义国家内部社会主义与民族主义的关系，也涉及处理社会主义国家与其他国家交往中的社会主义与民族主义的关系。同时也要求人们对国际主义的阶级属性和当下内涵做出新的解读。中国共产党人提出的“人类命运共同体”这一全新概念，就是对无产阶级国际主义原则的时代诠释。

二、本书的不足之处

对中国的民族主义问题，对中国共产党人对马克思主义经典作家民族主义理论的认识、发展创新的有关挖掘还不够充分与深刻，对马克思主义经典作家民族主义理论如何与当前西方学者有关民族主义问题的最新理论研究实现对接还较欠缺。笔者在今后的研究中将进一步对此做出思考。

参考文献

一、经典著作

[1]中国社会科学院民族研究所编.马克思恩格斯论民族问题(上下册).北京:民族出版社,1987.

[2]中国社会科学院民族研究所编.列宁论民族问题(上下册).北京:民族出版社,1987.

[3]中国社会科学院民族研究所编.斯大林论民族问题.北京:民族出版社,1990.

[4]中国社会科学院民族研究所编.马克思恩格斯列宁斯大林论民族问题.北京:中国社会科学出版社,1978.

[5]马克思恩格斯选集(1、4).北京:人民出版社,1995.

[6]马克思恩格斯全集(3、5、6、15、16、17、19、22、31、35、37、38、39、42、44、50).北京:人民出版社,1960—1985.

[7]马克思恩格斯全集(16、21、25).北京:人民出版社,2007、2003、2001.

[8]马克思恩格斯文集(1、2、4、10).北京:人民出版社,2009.

[9]列宁全集(7、8、16、17、22、23、24、25、26、31、32、33、35、36、40、43、44、46).北京:人民出版社,1985-1990.

[10]列宁专题文集:论资本主义.北京:人民出版社,2009.

[11]列宁选集(2、4).北京:人民出版社,1995.

[12]斯大林全集(4、5、6、7、12).北京:人民出版社,

1955—1964.

[13]斯大林.斯大林选集(上下卷).北京:人民出版社,1979.

[14]毛泽东.毛泽东选集(2、4、5).北京:人民出版社,1991.

二、中文著作

[1]王炳煜,王力.马克思主义民族思想史.北京:中央民族大学出版社,1998.

[2]金炳镐.马克思主义民族理论发展史.北京:中央民族大学出版社,2007.

[3]青觉.马克思主义民族观的形成与发展.北京:民族出版社,2004.

[4]何润.马克思主义民族理论经典著作导读.北京:中央民族大学出版社,1998.

[5]李景荫.马列主义民族解放运动理论.昆明:云南民族出版社,1986.

[6]华辛芝.列宁民族问题理论研究.呼和浩特:内蒙古人民出版社,1987.

[7]华辛芝,陈东恩.斯大林与民族问题.北京:中央民族大学出版社,2002.

[8]詹真荣.继承与创新:马克思主义民族理论在中国的运用和发展.北京:民族出版社,2001.

[9]沈桂萍.马克思主义民族观与党的民族政策.北京:中央编译出版社,2007.

[10]陈国新,谢旭辉,杨浩东.中共三代领导人对马克思主义民族理论的继承发展.贵阳:贵州人民出版社,2003.

[11]杨荆楚.毛泽东民族理论研究.北京:民族出版社,1995.

[12]刘绍川,张炯.邓小平民族思想研究.北京:中央民族大学出版社,1994.

[13]朱洪明,周锡银.邓小平民族理论与实践研究.成都:四川人民出版社,1999.

[14]李瑞.江泽民民族观研究.呼和浩特:内蒙古人民出版社,2002.

[15]中共中央党史研究室科研管理部,国家民族事务委员会民族问题研究中心.中国共产党民族工作历史经验研究.北京:中共党史出版社,2009.

[16]郝时远.解读民族问题的理论思考.北京:社会科学文献出版社,2009.

[17]程人乾.涡流:20世纪民族主义潮汐透视.北京:西苑出版社,2000.

[18]徐迅.民族主义.北京:中国社会科学出版社,1998.

[19]乐山.潜流:对狭隘民族主义的批判与反思.上海:华东师范大学出版社,2004.

[20]许章润.民族主义与国家建构.北京:法律出版社,2008.

[21]王军.民族主义与国际关系.杭州:浙江人民出版社,2009.

[22]王联.世界民族主义论.北京:北京大学出版社,2002.

[23]王涛.我们能够超越民族主义吗?北京:三联书店,2004.

[24]马珂.后民族主义的认同建构及其启示:争论中的哈贝马斯国际政治理念.上海:上海人民出版社,2010.

[25]彭树智.现代民族主义运动史.西安:西北大学出版社,

1987.

[26]缪家福.全球化与民族文化多样性.北京:人民出版社,2005.

[27]邱显平.当代世界民族冲突问题研究.南昌:江西人民出版社,2009.

[28]王希恩.全球化中的民族过程.北京:社会科学文献出版社,2009.

[29]章毅君.战后世界民族问题探源.北京:中央民族大学出版社,2007.

[30]熊坤新.21 世纪世界民族问题热点预警性研究.北京:民族出版社,2006.

[31]乌小花.当代世界和平进程中的民族问题.北京:中央民族大学出版社,2006.

[32]葛公尚.当代国际政治与跨界民族研究.北京:民族出版社,2006.

[33]浩帆.社会主义社会民族问题研究.呼和浩特:内蒙古人民出版社,1986.

[34]唐文权.觉醒与迷误:中国近代民族主义思潮研究.上海:上海人民出版社,1993.

[35]胡涤非.民族主义与中国近代政治变迁.北京:知识产权出版社,2009.

[36]张淑娟.民族主义与近代中国民族理论.北京:光明日报出版社,2011.

[37]宋新伟.民族主义在中国的嬗变.北京:社会科学文献出版社,2010.

[38]张植荣.中国边疆与民族问题:当代中国的挑战及其历史由来.北京:北京大学出版社,2005.

[39]果洪升.中国与前苏联民族问题对比研究.北京:中央民族大学出版社,1997.

[40]张爽.美国民族主义:影响国家安全战略的思想根源.北京:世界知识出版社,2006.

[41]余建华.民族主义、国家结构与国际化:南斯拉夫民族问题研究.北京:民族出版社,2004.

[42]熊坤新.苏联民族问题理论与政策研究.北京:中央民族大学出版社,2010.

[43]赵常庆.苏联民族问题研究.北京:社会科学文献出版社,2007.

[44]王兆璟,王春梅.西方民族主义教育思想研究.北京:民族出版社,2006.

三、中文译著

[1]吉尔·德拉诺瓦.民族与民族主义.郑文彬, 洪晖,译. 北京: 生活·读书·新知三联书店,2005.

[2]埃里克·霍布斯鲍姆.民族与民族主义.李金梅,译.上海:上海人民出版社,2006.

[3]安东尼·史密斯.民族主义:理论, 意识形态,历史.叶江,译.上海:上海人民出版社,2006.

[4]本尼迪克特·安德森.想象的共同体:民族主义的起源与散布.吴叡人,译.上海:上海人民出版社,2005.

[5]里亚·格林菲尔德.民族主义:走向现代的五条道路.王春

华,等译.上海:三联书店上海分店,2010.

[6]帕尔塔·查特吉.民族主义思想与殖民地世界:一种衍生的话语.范慕尤,杨曦,译.南京:译林出版社,2007.

[7]詹姆斯·梅奥尔.民族主义与国际社会.王光忠,译.北京:中央编译出版社,2009.

[8]威尔·金里卡.少数的权利:民族主义、多元文化主义和公民.邓红风,译.上海:上海译文出版社,2005.

[9]海斯.现代民族主义演进史.帕米尔,等译.上海:华东师范大学出版社,2005.

[10]卡尔·瑞贝卡.世界大舞台:十九、二十世纪之交中国的民族主义.高瑾,等译.北京:生活·读书·新知三联书店,2008.

[11]瓦列里·季什科夫.苏联及其解体后的族性、民族主义及冲突:炽热的头脑.姜德顺,译.北京:中央民族大学出版社,2009.

[12]里亚·格林菲尔德.资本主义精神:民族主义与经济增长.张京生,刘新义,译.上海:上海人民出版社,2009.

[13]耶尔·塔米尔.自由主义的民族主义.陶东风,译.上海:上海译文出版社,2005.

[14]查米扬.马克思列宁主义关于民族殖民地问题的理论.吴玉,高文德,译.北京:民族出版社,1956.

[15]伊恩·卡明斯.马克思恩格斯与民族运动.柯明,译.湖北:湖北人民出版社,1983.

[16]罗纳尔多·蒙克.马克思在21世纪——晚期马克思主义的视角.张英魁,王亚栋,张长虹,译.南京:江苏人民出版社,2011.

[17]休·希顿-沃森.民族与国家:对民族起源与民族主义政治的探讨.吴洪英,黄群,译.北京:中央民族大学出版社,2009.

四、外文著作

[1]Nairn,T. The Break -Up of Britain: Crisis and Neo -Nationalism, London: New Left Books,1981.

[2]Gellner,E. Nations and Nationalism,Oxford:BasilBlackwell,1983.

[3]SeeDanieleConversi.Ethnonationalismin the Contemporary World,London:Routledge,2002.

五、相关论文

[1]周传斌.论马克思主义民族理论的历史发展.黑龙江民族丛刊,2004(1).

[2]周呈芳.马克思恩格斯民族理论的形成和转变.内蒙古社会科学,1987(5).

[3]王训礼,马新林.试论马克思主义民族观的产生、形成和发展.东岳论丛,1999(3).

[4]宋仕平,娜拉.试论马克思恩格斯的早期民族思想.社会主义研究,2004(5).

[5]李景荫,梁守德,马维良.马克思主义民族理论的创立和伟大意义.内蒙古社会科学,1985(1).

[6]华辛芝.马克思主义民族理论产生的历史前提.内蒙古社会科学,1993(2).

[7]黄树森.试论马克思主义民族观的核心.桂海论丛,1998(6).

[8]刘东国.《共产党宣言》的发表是马克思主义民族理论诞生的标志.青海社会科学,1991(5).

[9]杜书瀛.从《共产党宣言》谈到文化艺术的全球化与民族性问题. 陕西师范大学学报(哲学社会科学版),2005(3).

[10]李爱华.恩格斯为什么否定泛斯拉夫主义民族运动.世界民族,2009(2).

[11]艾新强.马克思主义处理民族问题的基本原则:纪念马克思逝世 110 周年.西北第二民族学院学报(哲学社会科学版),1993(2).

[12]李恬.关于马克思主义殖民地民族问题思想的新认识.广西民族大学学报(哲学社会科学版),2009(6).

[13]揣振宇.马克思主义民族理论:解决中国民族问题的行动指南.中央民族大学学报,2006(2).

[14]吴楚克.苏联东欧裂变与马克思恩格斯民族理论问题.中国人民大学学报,1997(5).

[15]张祥云.关于列宁民族自决权理论的几个问题.当代世界与社会主义,2011(1).

[16]张祥云.列宁"民族自决权"思想缘起探析.当代世界社会主义问题,2010(4).

[17]华辛芝.列宁的民族理论与实践——纪念列宁逝世 72 周年.世界民族,1996(2).

[18]易清.列宁的民族自治思想与苏联的联邦制实践.学术论坛,2004(1).

[19]张祥云.列宁民族区域自治思想探析.社会主义研究,2010(6).

[20]彭树智.列宁晚年的民族殖民地问题理论:纪念列宁逝世六十周年.西北大学学报(哲学社会科学版),1984(1).

[21]马戎.略谈列宁、斯大林有关民族问题的论述.科学社会主义,2010(2).

[22]詹真荣,熊乐兰.论列宁关于民族问题的基本观点.马克思主义研究,2006(12).

[23]程昭星.浅论列宁对马克思主义民族理论的重大发展.贵州民族研究,1990(10).

[24]黄学贤.试论列宁的民族自决权思想.江苏社会科学,1992(3).

[25]张建军.关于斯大林民族定义及其相关理论问题的思考.广西民族研究,2009(2).

[26]詹真荣.杰出的贡献　严重的失误——论斯大林在民族理论上的得失.民族研究,2000(2).

[27]金炳镐.试论斯大林民族定义的特点.广西民族研究,1987(1).

[28]杨玲.斯大林的民族理论与民族政策的错位.当代世界与社会主义,2005(2).

[29]李世龙,孟凡东.斯大林民族定义形成的历史条件析论.黑龙江民族丛刊,2008(5).

[30]华辛芝.斯大林民族理论评析.世界民族,1996(4).

[31]郝时远.重读斯大林民族(нация)定义——读书笔记之一:斯大林民族定义及其理论来源.世界民族,2003(4).

[32]常安.阶级、反帝与苏维埃民族国家塑造——马列主义民族观与前苏联相关政治实践论析.青海社会科学,2010(2).

[33]左凤荣.民族政策与苏联解体.当代世界与社会主义,2010(2).

[34]思勤,秦滨华,宋全.马克思主义关于民族问题的基本理论.黑龙江民族丛刊,1992(3).

[35] 叶江.19 世纪马克思与阿克顿对民族主义批判的比较研究.学习与探索,2007(4).

[36]闵长虹,徐初波.马克思主义经典作家对爱国主义的阐释及启示.上海党史与党建,2011(3).

[37]王希恩.批判、借助和吸纳——对马克思主义经典作家关于民族主义论述的再认识.民族研究,2007(5).

[38]王希恩.当前世界民族主义思潮的基本态势.中国民族报,2008(6).

[39]于福坚.全球化时代的民族主义.中国民族报,2009(8).

[40]金太军.全球化与民族主义.现代哲学,2000(2).

[41]王希恩."民族主义"的主要类别及内容(上、中、下).中国民族报,2009(6).

[42]胡文木.什么是民族主义:读安德森《想象的共同体》.前沿,2010(22).

[43] 孟悦. 民族主义与社会主义. 泰晤士评论 http://www.wyzxsx.com

[44]潘亚玲.爱国主义与民族主义辨析.欧洲研究,2006(4).

[45] 高放. 大民族主义是南斯拉夫分崩离析的重要内因——我对米洛舍维奇的盖棺之论.探索,2006(6).

[46]陈玉屏.关于阶级、民族与民族主义的思考.西南民族大学学报,2006(5).

[47]杨奎松教授访谈录.何为民族主义,我们应该怎样爱国? 南方周末,2005(D30).

[48]花永兰.建设和谐世界与民族主义趋势探析.贵州民族研究,2007(2).

[49]邓维,宋国栋.经济全球化与经济民族主义的关联分析:国际政治经济学视角. 改革与战略,2010(9).

[50]李其荣.聚焦学术"热点",构建和谐世界——"民族主义与世界民族问题"学术研讨会综述.世界民族,2007(3).

[51] 叶江. 略论当前民族主义研究中几个值得注意的问题——兼谈民族主义与建设和谐世界之间的关系. 世界民族,2007(4).

[52]刘祖熙.略论卢森堡和列宁在民族问题上的争论.教学与研究,1984(3).

[53]张三南.论民族主义的建构、重构与解构.世界民族,2009(4).

[54]李乐.论民族主义的历史作用和本质.黑龙江民族丛刊,2010(6).

[55]张三南,谢丽萍.论民族主义与帝国模式的终结.当代世界社会主义问题,2009(3).

[56]王联.论民族主义与分裂主义.国际政治研究,2010(3).

[57]郑鹏,颜广文.论中国特色的民族主义理论研究.广东社会科学,2007(5).

[58]王建娥.民族分离主义的解读与治理——多民族国家化解民族矛盾、解决分离困窘的一个思路.民族研究,2010(2).

[59]郭树勇.民族主义、国际主义与马克思主义国际关系思

想.毛泽东邓小平理论研究,2007(12).

[60]熊文驰.民族主义、民族国家与正当性问题.国际观察,2011(3).

[61]冯静.民族主义、现代化与国家——中国现代化道路的诠释与反思. 西南大学学报(人文社会科学版),2007(1).

[62]花永兰.民族主义:中国历史与现实的路径选择——中华民族民族主义分析.烟台大学学报(哲学社会科学版),2007(3).

[63]萧功秦.民族主义的"去激进化"趋势.人民论坛,2011(1)上.

[64]胡恒富,陈克清.民族主义对中央与民族地区关系的影响和对策.思想战线,2011(3).

[65]马戎.民族主义思潮下的中国民族问题.人民论坛,2011(1)上.

[66]都永浩.民族主义相关问题研究.黑龙江民族丛刊,2010(5).

[67]唐书明,刘锋.不同视野中的历史与民族主义关系:霍布斯鲍姆与安东尼·史密斯民族主义理论的差异. 贵州社会科学,2008(1).

[68]凌彦.民族主义与东盟的形成.东南亚研究,2007(4).

[69]张文静,杜军.民族主义与多民族国家的政治合法性.广西民族研究,2010(1).

[70]王文奇.民族主义与民族国家构建析论.史学集刊,2011(5).

[71]彭萍萍.民族主义与苏联解体.当代世界与社会主义,2003(5).

[72]张玉芳.民族主义与现代化的关系简析.历史教学(高校

版),2007(9).

[73]胡逢适.民族主义与中国现代民族国家意识的形成.华东师范大学学报(哲学社会科学版),2010(2).

[74]任其怿,王维佳,刘倩,李慧茹.浅论民族主义在全球化背景下的新变化.内蒙古大学学报(哲学社会科学版),2010(7).

[75]马戎,邹赞.全球化、本土性与当代西方民族主义理论——北京大学博士生导师马戎教授访谈.社会科学家,2011(4).

[76]王宁.全球化、民族主义及超民族主义.西南民族大学学报(人文社科版),2007(7).

[77]李少琳,岳宝德,张念军.全球化进程中的民族主义.山东社会科学,2007(7).

[78]于福坚.全球化时代的新民族主义与国家建设.青海民族研究,2010(4).

[79]陈玉屏,李克建,张峻.全球化形势下的民族主义与阶级斗争.世界民族,2007(5).

[80]叶江.甚嚣尘上的民族主义思潮:浅淡民族主义问题研究中的三个问题.国际展望,2007(20).

[81]陈圣钢.试论文化民族主义与民族凝聚力.黑龙江民族丛刊,2010(5).

[82]丁志刚.试析经济差距与苏联解体的关系——兼对多民族国家民族分离主义的思考.东欧中亚研究,2001(3).

[83]郑秀喜.苏联民族问题中的三个民族主义.山东社会科学,2006(9).

[84]薛衔天.试论俄罗斯民族主义与苏联解体.东欧中亚研究,1996(3).

[85]罗坤瑾.网络民族主义的民族学解读.广西民族研究，2010(4).

[86]暨爱民.文化民族主义的现代取向.中央民族大学学报(哲学社会科学版),2007(5).

[87]宋荣超,严庆.西方话语中的民族主义解析.贵州民族研究,2010(1).

[88]叶江.西方民族主义研究现状及历史刍议.国际观察，2006(4).

[89]牛先锋.用宽广的眼光研究民族主义——《世界民族主义与中国》书评.科学社会主义,2007(2).

[90]卜建华.中国网络民族主义的意识形态功能探析.东岳论丛,2010(4).

[91]吴瑛.多维视野下的民族主义的诠释——评本尼迪克特·安德森的《想象的共同体:民族主义起源与散布》.当代亚太，2008(2).

[92]王云龙.泛民族主义的悖论——以 19 世纪泛斯拉夫主义与俄土战争为例.北方论丛,2006(5).

[93]叶险明.民族主义·民族国家·社会主义.学术月刊,2012(3).

[94]庞中英,彭萍萍.关于全球化·社会主义·民族主义关系的对话.当代世界与社会主义,2002(4).

[95]石田政治,林茂森.《探索马克思主义民族主义理论》一书评介.民族译丛,1982(1).

[96] 詹真荣.20 世纪社会主义国家反对民族主义倾向的历史回顾.社会科学战线,2006(2).

[97]陈联璧.大俄罗斯沙文主义及地方大民族主义[J].东欧

中亚研究,1992(2).

[98]白坚.论列宁、斯大林反对两种民族主义的不同取向[J].陕西师大学报,1989(1).

[99]高全喜.论民族主义——对民族主义的一种自由主义的思考[J].学海,2004(2).

[100]宋春华,栾雪飞.马克思主义视域下的民族主义分析.学术交流,2011(6).

[101]张三南.列宁关于民族主义论述的三个层次——基于列宁世界革命思想演变的分析.民族研究,2012(6).

[102]李保国.马克思恩格斯视野中的民族主义及其当代价值.河南社会科学,2012(5).

[103]王希恩.民族问题与“党内联邦制”——列宁和斯大林对“崩得”民族主义的批判.西北师大学报(社会科学版),2018(3).

[104]郎维伟,黄钰.马克思主义关于民族主义的论述误引考证.西北师大学报(社会科学版),2018(3).

[105]张淑娟.批判与反思:对狭隘民族主义的再认识.学术界,2016(12).

[106]刘烨.全球化时代的人民、民族与阶级:汤姆·奈恩西方马克思主义语境下的民族主义研究.民族研究,2017(4).

[107]严庆,平维彬.超越极端民族主义.中央民族大学学报(哲学社会科学版),2018(3).

[108]李保国,林伯海.国外学者对当代中国民族主义的研究.国外社会科学,2017(4).

[109]约翰·施瓦茨曼特尔,宋阳旨.反思全球化时代的马克思主义和民族主义.国外理论动态,2016(11).

[110]迈克·戴维斯,罗雪芳.马克思遗失的理论:民族主义的政治.国外理论动态,2016(11).

[111]高景柱.评民族主义与全球正义之争.民族研究, 2016(3).

[112]杨文顺,韩艳伟.马克思主义关于民族团结联合与民族发展进步的理论与实践:民族团结进步理论与实践研究系列之一.黑龙江民族丛刊,2017(1).

[113]毕跃光,苏亚曦.列宁主义关于民族团结联合与民族发展进步的理论与实践:民族团结进步理论与实践研究系列之二.黑龙江民族丛刊,2017(1).

[114]王希恩.列宁和斯大林对民族文化自治的批判.民族研究,2018(4).

[115]吴孝刚.论马克思和恩格斯对民族主义的态度.贵州民族研究,2016(2).

[116]刘擎.超越全球化与民族主义的对立.探索与争鸣,2018(1).

[117]黄楚新.国内民族主义思潮的升温与温和.人民论坛,2019(35).

[118]刘泓.全球化时代的民族主义:2019 年的实践.人民论坛,2019(35).

[119]卜建华.当前网络民族主义思潮的传播对中国外交的影响.山东社会科学,2017(10).

[120]许川.当代分离运动的民粹主义化.国外理论动态,2019(3).

[121]郎维伟,陈瑛,张宁.中华民族共同体意识与“五个认同”关系研究.北方民族大学学报(哲学社会科学版),2018(3).

后记

2008年9月，我怀揣梦想，带着强烈的求知欲到了南开园。南开大学是一所学习氛围很浓的高等学府，生性愚钝的我初到之时总感觉力不从心。但强烈的自尊促使我选择迎难而上。我开始发奋学习，每日穿梭于宿舍与图书馆之间，不管春夏与秋冬。两年硕士生活太短暂，我又继续攻读了南开大学的博士学位。

读博期间，在阅读有关苏联发展史、苏联领导人个人传记等的过程中，民族主义思潮引起了我的注意。于是我以民族主义为切入点，且从自身所学专业马克思主义基本原理的角度展开了对马克思主义经典作家民族主义理论的文本学研究。在整个论文的完成阶段，有太多的老师、专家给予了我无私的指导和帮助。首先是我的博士生导师刘娟教授。她为我论文选题、开题、写作、完稿倾注了大量的心血。这份恩情，终生难忘。还有杨谦教授、丁军教授、吴克峰教授、杨晓玲教授、武乐生教授在我论文开题时给我提出了宝贵意见。除此之外还有中国社会科学院王希恩教授、南开大学周恩来政府管理学院高永久教授，他们在百忙之中回复我的邮件，为一个素未谋面的学子答疑解惑，并积极帮助我修改完善论文框架。

2013 年 6 月，我顺利毕业，获得了博士学位。这意味着我的学生生涯基本结束，但真正的科研工作实际上才刚刚起步。来到山西财经大学工作后，我依然关注着民族主义的发展趋势和研究动态，也对包括民族主义在内的社会思潮问题有了更多思考。所申请的“新媒体环境下社会思潮传播与高校大学生社会主义核心价值观教育研究”项目获得山西省哲学社会科学规划办的立项资助。所申请的“消费主义思潮传播与大学生绿色消费观培育研究”项目获得山西省教育厅的立项资助。这为我进一步开展社会思潮研究提供了良好契机和平台。

《人民论坛》问卷调查中心围绕社会思潮问题展开调查，结果显示：2017 年国内值得关注的社会思潮分别是民粹主义、民族主义、生态主义、消费主义、泛娱乐主义、激进左派、文化保守主义、历史虚无主义、新自由主义、普世价值论（民族主义、消费主义赫然在列）。2018 年最具影响力的国际社会思潮有贸易保护主义、民粹主义、单边主义、排外主义、极端主义、新自由主义、生态主义、种族主义、女性主义、普世价值论。但其中特别提到，2018 年，逆全球化思潮在以美国为首的西方国家持续抬头，影响范围逐渐扩大，不断刺激着民族主义、贸易保护主义的发酵，加剧了国际社会的极端化倾向。2019 年十大社会思潮：逆全球化、贸易保护主义、民粹主义、多边主义、民族主义、科技本位、消费主义、泛娱乐主义、生态主义、女性主义（民族主义、消费主义又上榜单）。且在我所做“新媒体环境下社会思潮的高校传播及影响”问卷调查结果也显示，新媒体环境下民族主义、消费主义等对大学生思想认识、价值观念等有较强烈冲击。

正基于此，开展包括民族主义、消费主义在内的社会思潮问题研究，必要且迫切。而马克思主义经典作家有关民族主义的重要论述，对于辨析新形势下的民族主义具有独特的价值和意义。这点必须肯定。而这恰恰是我意欲出版此书的主要目的。再者，中国共产党人对于民族主义的立场、观点、态度也是需要进一步明确的。我在原有博士论文内容的基础上对以习近平总书记为核心的新一届中央领导集体的有关论述做了补充，以期更加完善、成体系，且对网络新媒体环境下的民族主义做了适当解析。

本书的出版必须感谢山西经济出版社的曹恒轩编辑。曹编辑也是毕业于南开大学，作为我的学长，他为我的书稿的设计、编辑花费了很多时间和精力。深表感谢。

高媛媛

2013年4月8日于南开园

2020年1月22日于山西财经大学博学楼